CONSCIÊNCIA
É O QUE EU SOU

Dados Internacionais de Catalogação na Publicação (CIP)
(Câmara Brasileira do Livro, SP, Brasil)

Goldsmith, Joel S.
  Consciência é o que eu sou / Joel S. Goldsmith ; tradução de Giancarlo Salvagni. – Petrópolis, RJ : Vozes : Vida Integral, 2023.

Título original: Consciousness Is What I Am

2ª reimpressão, 2024.

ISBN 978-65-5713-899-1

1. Consciência 2. Novo Pensamento I. Título.

22-138101 CDD-299.935

Índices para catálogo sistemático:

1. Antroposofia 299.935
Aline Graziele Benitez – Bibliotecária – CRB-1/3129

JOEL S. GOLDSMITH

CONSCIÊNCIA É O QUE EU SOU

Tradução de Giancarlo Salvagni
Prefácio de Luciano Alves Meira

© 1973 by Emma A. Goldsmith

Direitos de publicação em língua portuguesa – Brasil:
2023, Editora Vozes Ltda.
Rua Frei Luís, 100
25689-900 Petrópolis, RJ, Brasil
www.vozes.com.br

Em coedição com:
Editora Vida Integral
Avenida Goiânia, Q. 54, Lt. 03
Centro
75340-000 Hidrolândia, GO
www.editoravidaintegral.com.br

Tradução do original em inglês intitulado *Consciousness Is What I Am*

Todos os direitos reservados. Nenhuma parte desta obra poderá ser reproduzida ou transmitida por qualquer forma e/ou quaisquer meios (eletrônico ou mecânico, incluindo fotocópia e gravação) ou arquivada em qualquer sistema ou banco de dados sem permissão escrita da editora.

EDITORES – VIDA INTEGRAL

Anabella Araújo Silva e Alves Meira
Luciano Alves Meira

CONSELHO EDITORIAL – VOZES

Diretor
Volney J. Berkenbrock

Editores
Aline dos Santos Carneiro
Edrian Josué Pasini
Marilac Loraine Oleniki
Welder Lancieri Marchini

Conselheiros
Elói Dionísio Piva
Francisco Morás
Gilberto Gonçalves Garcia
Ludovico Garmus
Teobaldo Heidemann

Secretário executivo
Leonardo A.R.T. dos Santos

PRODUÇÃO EDITORIAL – VOZES

Aline L.R. de Barros
Marcelo Telles
Mirela de Oliveira
Otaviano M. Cunha
Rafael de Oliveira
Samuel Rezende
Vanessa Luz
Verônica M. Guedes

Conselho de projetos editoriais
Isabelle Theodora R.S. Martins
Luísa Ramos M. Lorenzi
Natália França
Priscilla A.F. Alves

Diagramação: Sheilandre Desenv. Gráfico
Revisão gráfica: Alessandra Karl
Revisão da tradução: Luciano Alves Meira
Capa: WM design

ISBN 978-65-5713-899-1 (Vozes – Brasil)
ISBN 978-65-990987-5-8 (Vida Integral – Brasil)
ISBN 978-1-889051-83-3 (Estados Unidos)

Este livro foi composto e impresso pela Editora Vozes Ltda.

Sumário

Prefácio à edição brasileira – O Deus que aguarda em nós, 7

1 A consciência dedicada, 11

2 O sentido falso e o sentido correto do eu, 24

3 A mente é uma transparência, 39

4 Consciência, 50

5 Evolução dos estágios da consciência, 60

6 A luz irrompendo, 73

7 Alcançando uma medida de consciência espiritual, 85

8 A vida invisível cumpre-se de forma tangível e visível, 100

9 As questões da vida estão na consciência, 118

10 A consciência da verdade é o curador, 137

11 A consciência de quarta dimensão, 152

12 O Cristo como consciência do homem, 170

Gravações, 185

Prefácio à edição brasileira

O Deus que aguarda em nós

Por sua genialidade simples e pelo poder transformador de sua mensagem, Joel S. Goldsmith deveria ser muito mais conhecido no Brasil do que já é. Ele foi o que se costuma chamar de um *mestre espiritual* que nunca fundou instituições religiosas ou sociais. Seu foco estava em ajudar as pessoas a viver melhor, a partir de uma intensa conscientização da imanência de Deus em nós. Aquilo que mais desejamos encontrar na existência é justamente o que somos em essência, afirma o autor, mas é preciso desenvolver habilidades contemplativas para acessar o Cristo interior e deixá-Lo pavimentar nossos caminhos.

Se lutarmos contra as nossas tendências egocêntricas e contra o mal que está no mundo, sucumbiremos, pois estaremos combatendo ilusões e, ao fazê-lo, alimentando-as. Se, diferentemente, compreendermos no silêncio a nossa identidade divina mais profunda e inefável, os desdobramentos dessa experiência efetiva se manifestarão como autoconhecimento, autenticidade, propósito, saúde, contribuições pacíficas e amorosas, porque a grande verdade é que tudo está no Espírito e nada tem substancialidade fora Dele. Ainda em outras palavras, podemos nos tornar a transparência pela qual a Luz Infinita do Cristo imanente dissolverá as sombras do mundo.

Vale aqui uma recomendação. Os livros de Goldsmith podem ser lidos de diversas formas, mas o modo mais impactante de fazê-lo é ler diariamente alguns parágrafos e meditar sobre eles, alternando com pequenos períodos de silêncio, até que comecemos a receber alguns *insights* e, principalmente, sintamos uma paz interior que é, ao mesmo tempo, liberdade e renovação. Realizo esse pequeno ritual contemplativo duas ou três vezes por dia, há mais de quatro décadas, e posso afirmar que os ganhos são simplesmente imensuráveis.

Luciano Alves Meira
Escritor, editor e especialista em
desenvolvimento do potencial humano

O Caminho Infinito

**"Se o Senhor não edificar a casa, em vão
trabalham os seus construtores."**

Salmo 127

A iluminação dissolve todos os laços materiais e
une os seres humanos pelos elos dourados do entendimento espiritual: só reconhece a liderança do Cristo.
Desconhece qualquer ritual além do Amor Divino, impessoal e universal. Seu culto singular é a chama interior que fulgura eternamente no santuário do Espírito.
Sua única limitação é a disciplina de se manter a consciência plena. Conhecemos, portanto, a liberdade sem a
licenciosidade; somos um universo sem limites físicos,
um serviço a Deus sem cerimônia ou credo. O iluminado caminha sem temores, pelo poder do Amor.

(Do autor)

1
A consciência dedicada[1]

Existem dois tipos de pessoas na Terra: os iluminados e os não iluminados, ou, em outras palavras, os vivos e os mortos-vivos. Os vivos extraem a vida da Fonte e, pelo menos em certa medida, se dedicam a algum propósito. Os mortos-vivos estão vivendo semelhantemente aos animais, não enxergando vida ou inspiração em nada além do que pode ser encontrado no ar ou na comida. Ninguém realmente vive, no entanto, até que tenha descoberto algo maior que ele, algo pelo qual permita que sua existência seja dedicada.

Se isso for verdade, por que não há mais pessoas dedicadas ao desenvolvimento da consciência? Porque a dedicação vem como a Graça de Deus. Ninguém pode procurá-la. Pode-se desejá-la, mas isso é o mais longe que alguém pode ir. Ninguém pode lutar por isso, porque não é conquistado dessa maneira. Vem como

---

[1] O texto deste livro apareceu primeiramente na forma de cartas endereçadas a alunos do *Caminho Infinito* de diferentes países. Elas foram escritas para ajudar as pessoas a viverem com maior efetividade neste mundo, com uma compreensão mais profunda do significado das escrituras e dos princípios do *Caminho Infinito* (nota dos editores).

Graça, e essa Graça vem quando algo de natureza espiritual é introduzido na consciência de um indivíduo. Ele deve aprender a abrir sua consciência ao influxo do Espírito, passando a orar sem cessar, não apenas por um período da manhã antes de começar a trabalhar, mas tornar essa prática uma dedicação contínua a um propósito espiritual.

Em algum momento de nossa experiência, é necessário fazer uma escolha, se vale a pena buscar o objetivo espiritual. Se decidirmos que vale a pena, faremos algum esforço em direção a essa consagração. Mas nosso esforço nos levará ao ponto em que reconheceremos a futilidade de nossos próprios esforços e perceberemos que, a menos que tenhamos nos tornado dedicados a Deus, nosso empenho pessoal chegará a um fim muito rápido. Temos que tomar a decisão de praticar os princípios da vida espiritual e lembrá-los conscientemente. Então, com o passar do tempo, essa prática fornece a preparação para a entrada de Deus em nossa consciência.

Abertura da consciência para a dedicação a Deus

Em nossa ignorância espiritual, não sabíamos que, desde o início, a Presença Espiritual estava parada à porta da consciência, buscando entrada. Por meio da revelação espiritual, no entanto, agora sabemos que nosso Eu Divino está batendo à porta de nossa mente, buscando a entrada, buscando consagrar mente e corpo ao Seu uso, em vez de ao nosso uso ou ao nosso prazer, tomando nosso lar e nossos negócios e os consagrando ao Seu propósito.

Pensemos em nós mesmos como instrumentos pelos quais a dedicação e a consagração de Deus se manifestam na Terra. A cada dia, abramos nossa consciência, para que Deus possa consagrá-la e torná-la dedicada. Então, para as maquinações da mente carnal, haverá um sinal invisível. "Até agora, e não mais." Quando a mente carnal, a crença em dois poderes, vê ou sente esse sinal, ela não pode passar, porque Deus ordenou, consagrou e dedicou essa consciência individual ao Seu uso. "Nenhuma arma que se levante contra ti prosperará"[2], se é que e desde quando esse "ti" se rendeu à dedicação a Deus.

Dedicação contínua

Todos os dias deve haver um período em que fechamos os olhos, voltamo-nos para dentro e convidamos Deus para entrar. Pensemos em nossa mente como uma porta. Como Deus, Infinito, é onipresente, no momento em que abrimos a porta, esse Infinito nos inunda, e então estamos sob a graça. A graça de Deus é a sabedoria, a presença e o poder que surgem, e essa graça nos dá nossa recompensa, reconhecimento e frutos. Mas temos um papel a desempenhar:

---

2 Isaías 54,17.

Senhor, sei que bates à porta da minha consciência, então estou abrindo minha consciência. Assume o controle da minha mente e corpo. Que Tu sejas minha Alma, sejas minha vida[3].

Depois, podemos passar horas corretamente guiados, orientados, beneficiados e abençoados. Mas outro período de renovação deve vir:

"Eis que estou à porta e bato"[4]. Deus, o Infinito, o Eterno, o Imortal, o Supremo preenche todo o espaço e é a própria onipresença[5]. Conforme abro minha consciência para receber Deus, sou permeado pela consciência de Deus. Minha mente é dedicada, meu corpo, meus negócios, minha casa, meu talento, meu tudo é dedicado a Deus, e Deus os utiliza para Seu propósito, para o qual sou um instrumento.

Ao darmos o passo mais alto, permitindo que Deus dedique nossas mentes, corpos e atividades ao Seu propósito, entenderemos o significado da dedicação e descobriremos por que algumas pessoas prosperam poderosamente em suas atividades, enquanto outras não entendem a natureza da dedicação e da consagra-

---

3 Os textos italizados neste livro colocam em destaque as meditações espontâneas que ocorreram ao autor durante os períodos de elevação da consciência. Não há intenção de que eles sejam usados como afirmações, negações ou fórmulas mentais repetidas de qualquer tipo. Eles foram inseridos neste livro, respeitando certos intervalos, para ilustrar o fluxo livre do Espírito em suas manifestações. À medida que o leitor praticar a Presença, também será capaz de, em seus momentos de exaltação, receber inspirações novas e inéditas a título de transbordamento espiritual.

4 Apocalipse 3,20.

5 Na literatura espiritual do mundo, os variados conceitos de Deus são indicados pelo uso de termos como Pai, Mãe, Alma, Espírito, Princípio, Amor e Vida. Portanto, neste livro, o autor utiliza o pronome Ele e, em outras instâncias, usa o *Eu* em itálico, sem invalidar as outras formas possíveis.

ção. Elas as consideram qualidades humanas próprias e, por acreditarem que são altamente dedicadas, buscam ótimos resultados. Se os resultados não estiverem lá, é porque elas são mais dedicadas ao ego e à glória pessoal do que a Deus.

A mente e o corpo, separados da Graça Espiritual, são a mente e o corpo dos mortos-vivos, e o homem não vive, verdadeiramente, até que o Espírito tenha entrado. Aí então a vida tem propósito e significado, porque agora ela pode se expressar por intermédio do indivíduo para "o menor desses meus irmãos"[6]. Não basta ser bom para nossas famílias; tem que haver uma dedicação maior do que isso. Deve haver uma dedicação aos outros. Entretanto, não haverá dedicação verdadeira, a menos que entendamos que não é uma dedicação pessoal que seja meramente uma promoção do ego, mas uma libertação de nós mesmos para a consagração espiritual, para que Deus possa abençoar todos os que tocam nossa consciência.

Quando chegamos à era espiritual na qual estamos entrando agora, e abrimos nossa consciência para a Consciência Superior, ou Quarta Dimensão, algo acontece que muda toda a nossa natureza. Não temos mais o poder de usar nossa mente ou corpo para propósitos malignos. Algo maior assume; Algo maior que nossa própria integridade; Algo maior que nossa educação ou ambiente, e nos encontramos governados por uma In-

---

6 Mateus 25,40.

fluência Superior. Então, trazemos para todas as nossas atividades a dedicação e a consagração de nossa consciência. Embora alguns possam usar seu talento, profissão, negócio ou indústria para fins maus ou egoístas, quando uma pessoa é dotada espiritualmente, ela não pode usá-los para outra coisa senão para o Bem.

Quando estamos realmente cansados do lado sombrio da vida e quando até mesmo algo do lado bom não nos dá a satisfação prometida, chegamos ao nível em que não é mais uma questão de quão bons ou quão bem-sucedidos seremos, mas, sim, apenas o cumprimento de nossa natureza espiritual domina nossa experiência.

Tornando-se consciente da potencialidade infinita

Como nós, seres humanos, nos libertamos daquelas circunstâncias e condições da Terra que nos governam e limitam, e sobre as quais parecemos não ter controle? Como uma pessoa traz Deus para sua experiência? A resposta que me veio e que formou a base de todo o trabalho do Caminho Infinito é que nada pode acontecer conosco, exceto por meio de nossa consciência. Se não estou consciente de algo, isso não pode acontecer comigo. Pode haver tentação do lado de fora da porta, mas, se eu não estou ciente disso, isso não me toca. Podem haver oportunidades para o sucesso tentando correr direto para mim, mas, se eu não tomar consciência delas, elas não podem produzir nada para mim. Tudo o que toca a minha vida deve tocá-la pela percepção da minha consciência.

Embora não exista uma pessoa no mundo que não tenha um talento – nenhum –, 99% de nós nunca saem da rotina da humanidade comum, não porque não temos talento, mas porque não nos tornamos conscientes dele, de sua finalidade, sua função e sua utilização.

Podemos saber, sem sombra de dúvida, que todo mundo tem um talento, e geralmente mais de um, porque não criamos a nós mesmos – nem nossos pais nos criaram. O Mestre Cristo Jesus nunca falou mais verdadeiramente do que quando disse: "Não chameis a ninguém de pai sobre a Terra; porque um é vosso Pai, que está no Céu"[7]. Há apenas um Criador, um Princípio Criativo, que é Infinito e Divino. Não poderia criar nada de natureza infrutífera, desnecessária ou morta. Portanto, todo mundo criado à imagem e semelhança de Deus é imbuído de algum talento ou dom de Deus.

Por ignorância, podemos ter começado uma carreira comercial que se mostrou inadequada para nós. Outra pessoa pode ter embarcado em uma carreira médica que não era o rumo certo para ela e assim por diante. Quando, no entanto, reconhecemos a Quarta Dimensão, isso que o Mestre chamou de Reino de Deus, nos abrimos à Sua influência e então estamos prontos para receber instruções.

---

7 Mateus 23,9.

Descobrindo o infinito interior

Quando fechamos os olhos e nos voltamos para dentro nos encontramos em uma escuridão, mas o próprio lugar onde essa escuridão está é o nosso meio de acesso ao Infinito. Ao reconhecermos isso, estamos prontos para que uma comunicação chegue até nós. Não vem de fora. Vem de dentro e não vem de ninguém para nós: vem do Ser de nós para nós. Vem do centro para a circunferência de nós, das profundezas do nosso Ser para a superfície desse ser. Realizamos isso ao nos voltarmos para dentro e percebermos:

Consciência é o que Eu Sou e, por intermédio da Consciência, tenho acesso ao Reino de Deus, ao Infinito.

Assim, abrimos nossa consciência para que *Eu*[8], o Eu Divino de nós, possa entrar.

Em nossa humanidade, somos dois, o homem da Terra e aquele homem que tem seu ser em Cristo. Nesse momento, é o homem da Terra que deseja "morrer diariamente"[9] para renascer do Espírito e que agora está se voltando para dentro, virtualmente dizendo: "Deus, destrói minha humanidade; elimina o senso limitado de mim mesmo que agora mantenho; dissolve a finitude em mim; apaga essa combinação de bem e mal em mim, e consagra-me ao Teu Eu. Dá-me a pureza que tive Contigo desde o Princípio".

---

8 O termo *Eu*, em itálico, refere-se a Deus.

9 1Coríntios 15,31.

Por meio dessa rendição, estamos nos abrindo para a Influência Divina, para que ela possa entrar em nossa consciência e nos governar. Quando alcançamos a experiência da meditação na qual o Espírito entra, a partir de então, esse Espírito permeia a mente e o corpo. O processo de purificação é então iniciado, o que eventualmente nos impede de pensar em nos beneficiarmos à custa de outra pessoa ou de fazer aos outros algo que não faríamos a nós mesmos. Conosco, não é mais uma virtude ou uma questão de justiça própria: é que demos a nós mesmos, nossas mentes e corpos, à Consciência quadridimensional, a esse Eu Divino, que começa a funcionar através e como nós.

Nenhuma experiência pode ir além da consciência individual e, quando o indivíduo permite que sua consciência seja dedicada ao serviço de Deus, essa é a medida de talento ou capacidade que flui por intermédio dele. Mesmo se uma pessoa não tivesse conhecimento de nenhum talento em particular, logo descobriria que algum nasceu nele – na verdade, não nasceu, porque sempre esteve lá, mas evoluiu por meio de sua receptividade à Fonte Espiritual.

À medida que tomamos consciência de que Deus, Infinito, é a consciência do indivíduo, Ele assume o controle e se manifesta como harmonia, em um grau cada vez maior. Há então menos de humano ou finito em nós e mais de espiritual ou divino. Essa Divindade nem sempre toma forma como o que é considerado uma atividade espiritual, como se tornar um ministro, um praticante ou um professor espiritual. De modo nenhum. A Divindade que assume a consciência pode operar com a mesma eficácia no mundo industrial ou financeiro, ou no mundo artístico ou acadêmico. O Espírito é Infinito e opera em forma e variedade infinitas. A própria indústria é uma atividade que surge da Consciência Espiritual, e uma das funções que a indústria desempenha, em última análise, é o apoio à arte, literatura, ciência e música.

Ao sermos tocados ou influenciados pelo Espírito, a mente e o corpo funcionarão em qualquer direção que possa ser uma bênção para o mundo. Isso colocará alguns de nós em um ministério espiritual, mas retirará alguns deles e os trará de volta ao mundo comercial, artístico ou financeiro, no qual, de uma maneira ou de outra, eles podem servir ao melhor propósito. Tudo o que podemos realizar na Terra, realizamos à medida que deixamos o Poder Supremo fluir em nós, servindo ao propósito de Deus em qualquer capacidade que nos seja dada na Terra.

Nos dias de nossa imersão completa na humanidade, andávamos, comíamos e dormíamos, mas não havia nada da alegria da vida em torno de nós, da liberdade ou da paz da vida. Até o Espírito, esse Eu Interior, entrar, nós éramos apenas mortos-vivos.

Abrindo a porta

Eu estou na porta da tua consciência e bato. Não só vim para que tenhas vida mais abundante, mas estarei contigo até o fim do mundo.

Este Eu, a Alma de nós, da qual Jesus falou, está à porta da nossa consciência e bate. À medida que aprendemos a fechar os olhos e, através da escuridão, percebemos que temos acesso aos dons e riquezas de Deus, ao amor e à vida de Deus, nossa consciência está sendo enriquecida. À medida que os dias passam, testemunhamos os frutos disso nas mudanças de relacionamento que ocorrem em nossa vida, na quantidade crescente de nosso suprimento e na melhoria da condição de nossa saúde. Essa influência animadora espiritual que entra na consciência limpa a mente e o corpo e os mantém e os sustenta à imagem e semelhança de Deus. Mas temos que abrir a porta: nós temos que admitir o Espírito conscientemente.

Para o ser humano, tudo o que acontece de bom é encarado principalmente como sorte, acaso ou acidente. Embora alguns de nós possam nascer com ambição ou talento, o fato de o talento ser concretizado é muitas vezes acidental e nem sempre por planejamento. Muitas pessoas talentosas nunca tiveram o sucesso que seus talentos lhes deveriam conferir. Muitas pessoas que merecem reconhecimento nunca o recebem.

Para que o sucesso ou o reconhecimento não dependam do reino do acaso ou do acidente, uma coisa é necessária: nos sujeitarmos à Lei de Deus, sermos governados por Deus. Isso tem que ser um ato de nossa própria consciência. Ninguém pode fazer isso por nós. Enquanto outros podem ter um caminho diferente, o que me é dado ensinar é o caminho da meditação. Portanto, aprendi e ensinei que abrir conscientemente o ouvido três ou quatro vezes por dia – bastam apenas dois, três ou quatro minutos e, às vezes, apenas por dez ou vinte segundos – abre a porta da nossa consciência. Esse é um convite para Deus entrar. Às vezes imediatamente, às vezes lentamente, mas sempre, eventualmente, o Espírito entra.

Se estivermos meditando apenas por algum motivo ou lucro egoísta, eventualmente o Espírito poderá nos dizer: "você Me[10] procura somente por pães e peixes. Enfrente você mesmo o seu negócio. Estou cansado de você". Mas, se nos voltarmos para o propósito de deixar nossa mente e corpo serem dedicados a bons e santos propósitos, o Espírito virá rapidamente.

Gradualmente, à medida que o Espírito entra, começa a revelar que "Ele realiza o que é designado para mim"[11]. "O Senhor aperfeiçoará o que me diz respeito"[12]. O segredo dessas passagens é que Ele não realiza o que nós gostaríamos que ele fizesse; Ele não realiza o que queremos que seja feito; Ele realiza o que Ele designou para nós, não que a nossa vontade seja feita, mas que a Sua Vontade será feita em nós e por meio de nós. Quando nosso trabalho é dedicado a Deus, é realizado por nós, em nós e por nosso intermédio, os frutos são trazidos diretamente à nossa porta. Quando oramos, nossa oração deve ser:

---

10 O termo *Eu* ou o pronome *Me* em inicial maiúscula refere-se a Deus.

11 Jó 23,14.

12 Salmo 138,8.

Estou me dedicando ao amor de Deus e ao amor do meu próximo como a mim mesmo. Estou me dedicando a servir "ao menor desses meus irmãos", e o maior junto com o menor.

Quando Deus nos dedicar e consagrar ao Seu serviço, seremos melhores em tudo o que fizermos: um melhor advogado, empresário, banqueiro, ministro, escritor, escultor, sempre algo melhor.

Os falsos conceitos que recebemos de oração, dedicação e consagração nos amarraram de todas as formas na vida. Temos que eliminar esses conceitos e abrir nossa consciência, para que possamos ser instruídos por dentro. Então, não seremos apenas instruídos nos princípios espirituais da vida, mas na conduta de nossos negócios ou profissão. Seremos melhores em qualquer trabalho do que jamais fomos antes, porque essa influência espiritual é que o realiza.

Não há possibilidade de orar com sucesso até pedirmos que a Vontade Divina seja feita em nós e por meio de nós e que tenhamos a sabedoria de perceber essa Vontade e segui-la. Então, Ele realiza o que nos é dado a fazer, o que é designado para nós; e aperfeiçoa o que nos diz respeito.

2

O sentido falso e o sentido correto do eu

O Caminho Infinito revela que Deus é um ser individual infinito e, portanto, Ele constitui nosso ser. Tudo o que é espiritual, eterno e imortal em nós é o ser de Deus. O que é mortal, humano e finito não é uma expressão de Deus, mas uma ilusão e não pode ser elevado à atmosfera da Cristandade; isso deve "morrer", mas essa morte não é o que normalmente se pensa como tal. É a morte do falso conceito de Deus e do homem que foi construído ao longo dos anos, que constitui o que pode ser chamado de experiência humana. Quando "morremos diariamente"[13] para essa experiência humana, renascemos na experiência espiritual.

Jesus reconheceu sua filiação com o Pai e, ao mesmo tempo, negou poder à Sua humanidade, quando disse: "Eu, de mim mesmo, nada posso fazer"[14]. Podemos esperar fazer mais do que Jesus fez e reivindicar mais por nós mesmos do que Ele reivindicou? Quando Ele foi chamado de "Bom Mestre", chegou a ponto de negar

---

13 1Coríntios 15,31.

14 João 5,30.

isso. "Por que me chamais de bom? Não há bom senão um, que é Deus"[15]. A verdade é que Deus, o Pai, aparece individualmente como Deus, o Filho.

Se disséssemos que expressamos Deus, estaríamos tentando ter algum poder próprio. Mas isso não temos. Sendo infinito, somente Deus pode se expressar, e Ele se expressa como ser individual. É Deus se expressando, não o homem expressando, e Ele se expressando se torna você e eu, em nossa identidade espiritual. Deus sempre é a presença, e sempre é o poder. Nunca temos poder, nunca. Todo o poder é poder de Deus, à medida que flui da Divindade, aparecendo como nossa capacidade individual. Se fosse sua capacidade ou a minha, seria limitada, mas, como toda capacidade é de Deus, é infinita.

Jesus entendeu Seu próprio nada e, assim, tornou-se o instrumento pelo qual a totalidade de Deus poderia aparecer. Potencialmente, qualquer pessoa que possa entender suficientemente o nada da humanidade é capaz de, nesse grau, demonstrar a totalidade de Deus.

O encrenqueiro

A razão para discórdias ou desarmonias de qualquer natureza é um falso senso do *Eu*. Que problema existe que não diz respeito à palavra *eu*, ou que não poderia ser eliminado, se não houvesse um pouco de *eu*? Se o senso pessoal do *eu* está fora do caminho, não há

---

15 Mateus 19,16-17.

problema. O único problema que alguém já teve é *eu*, e se não houvesse *eu*, não haveria problema. O causador de problemas é o senso pessoal de *eu*.

Enquanto eu achar que preciso ganhar a vida, encontrar um lar ou decidir o que fazer no próximo ano, apenas por esse tempo enfrentarei problemas de uma natureza ou de outra. Existe apenas um erro em todo o mundo, e isso é manter um falso senso de *eu*. Desista desse falso senso de *eu* e tente encontrar algum erro restante. Mantendo um falso senso de *eu*, temos um *eu* que sou *eu* e um *eu* que é você, e esse *eu* que deve ser mantido e sustentado imediatamente se torna um problema.

A solução para os problemas, individual e coletivamente, é obter o senso correto de *Eu*. A palavra *Eu* significa Deus. Isso nunca diz respeito a qualquer pessoa. Simboliza Deus aparecendo como pessoa. Essa pessoa é sempre governada por Deus, mantida e sustentada por Ele. É Deus mantendo Sua Própria Identidade como pessoa, assim como a natureza mantém sua identidade como uma rosa, uma orquídea ou uma tulipa. Deus mantém e sustenta Sua Identidade como você, como eu e como todos.

Não se decepcione consigo mesmo se encontrar alguém e descobrir que não pode vê-lo dessa maneira. Isso acontece. Isso ocorre em nossas casas e comunidades, assim como na vida nacional e internacional. A maneira de olhar para isso é perceber que, na imagem externa, qualquer mudança tem que vir de dentro de nós mesmos. Em cada um de nós existe humanidade suficiente para tornar impossível, de uma só vez, eliminar o "eu" que se chama Mary, Henry ou Joel. Mas nós podemos começar. Hoje podemos começar a "morrer diariamente".

Como "morrer diariamente"

As declarações de citações são de pouco valor. Em vez disso, devemos nos perguntar: "Como eu 'morro'? O que Paulo quis dizer com 'morrer diariamente'? Existe um processo como 'morrer diariamente'? Existe um processo como renascer do Espírito? Se houver, que eu me ocupe disso agora. Quero ver se consigo descobrir como 'morrer'. Quero ver se consigo descobrir como renascer, e então parar de citar passagens".

Existe uma maneira de "morrer diariamente". É preciso tomar um pouco a atitude dos onze discípulos, que se reuniram com a intenção de escolher o décimo segundo para substituir Judas, que cometera suicídio. Quando se encontraram, sua oração foi: "Tu, Senhor, que conhece o coração de todos os homens, mostra dentre estes dois qual escolheste"[16]. Nenhum desses onze achou que era responsável por selecionar o discípulo certo. Nenhuma pessoa usou a palavra "eu". Nenhum deles achou que era da sua conta quem foi selecionado. Todos estavam de acordo: "Pai, mostra-nos quem Você escolheu".

---

16 Atos 1,24.

Se eu tiver uma decisão a tomar e disser para mim mesmo: "Eu devo tomar essa decisão hoje, ainda hoje", posso recorrer a Deus e perguntar: "Deus, mostre-me que decisão *eu* devo tomar". Com essa atitude de *"eu"*, é provável que tome a decisão errada ou não tome nenhuma decisão. A palavra *"eu"* está lá. Em vez disso, como Deus governa e dirige minha experiência, eu deveria dizer: "Pai, mostre-me que decisão você tomou. Esta é Sua Vida; este é o Seu mundo, este é o Seu universo. Que decisão você gostaria de ter manifestada? Mostre-me Sua decisão". Então, eu poderia me liberar de todo senso de responsabilidade, porque Deus não apenas me mostraria Sua decisão, mas também a cumpriria.

Aquele *"eu"*, que se preocupa com o modo como este universo deve ser administrado, ou como os negócios de Deus devem ser administrados, é um demônio. De fato, esse "eu" que estamos mantendo não sou eu: é um falso senso de *eu*.

Seja na forma de uma decisão a ser tomada ou de alguma ação a ser realizada, a grande liberação vem com a percepção:

Obrigado, Pai; esse fardo não está sobre meus ombros para minha decisão ou ação. Mostra-me hoje que ação escolheste. Mostra-me hoje como serão meus trabalhos pela próxima hora ou pelas próximas vinte e quatro horas. Para que seja correta, deve ser Tua ação manifestada em mim, Tua decisão manifestada como minha escolha. É a atividade do Teu Ser mostrada pelas minhas ações.

Há uma graça milagrosa e salvadora nesta lição. Há um milagre do renascimento, isso se pudermos descartar a palavra *"eu"*. Sei que não podemos fazê-lo de uma vez só, como em uma grande explosão. Não pude fazê-lo inteiramente em todos esses anos, desde que soube disso. Muitas vezes há algum traço de *"eu"*, Joel, deixado na cena. Gostaria de ver esse *"eu"* tão completamente extinto que nunca mais o ouviria. Mas isso persiste. Existem raposinhas; existem pequenos demônios que nos fazem apreciar tanto o pequeno *"eu"* que não podemos desistir dele.

Não é fácil para você; não é fácil para mim; não é fácil para ninguém. Todos nós podemos pensar em alguns dos problemas que enfrentamos e podemos ver como o *"eu"* está envolvido em todos os problemas, um *"eu"* tão limitado em poder e sabedoria que não pode resolvê-los ou curá-los. Agora, vamos considerar o que aconteceria com o problema se o único envolvido fosse Deus, e em nossa meditação nos perguntássemos: "Haveria um problema se não houvesse um *'eu'*? Existiria tal condição se *'eu'* estivesse fora do caminho? Eu estaria nesse dilema se tudo dependesse de Deus?"

Dessa maneira, gradualmente, veremos que não há problema, exceto no que diz respeito ao sentido de *eu* como pessoa. Se tirarmos esse senso pessoal de *"eu"* e deixarmos o *Eu* ser Deus, então o que acontece com o problema?

Enquanto ponderamos isso, ouvimos essa orientação e direção interior. Enquanto meditamos na ideia de que essa não é uma decisão que devemos tomar e não há nenhuma ação a ser realizada, ela nos abre os ouvidos e reconhecemos que existe um Pai que pode nos dirigir. Isso nos faz buscar orientação dentro de nosso próprio ser. Não estamos mais com esse cavalheiro em uma nuvem, mas nas profundezas de nosso próprio ser, em harmonia com o Infinito, sintonizados com o Eu que realmente somos.

Se estamos tentando ajudar alguém, o que isso faz conosco, quando sentamos em silêncio e dizemos: "O que estou tentando fazer, quando o *Eu* que realmente faz é o *Eu* que tudo sabe? Ele é quem sabe o que fazer com essa situação e tem o Poder de fazê-lo". Mais uma vez, mantemos nossa mente em Deus, reconhecendo-O como Fonte, Atividade, Substância e Lei.

O sentido pessoal do "eu" é o destruidor de um ministério espiritual

Em uma meditação em grupo, em vez de pensarmos em *"eu"*, *"mim"* ou *"meu"*, *"meu"* problema ou *"minha"* saúde, o que ocorre é que, quando vários de nós nos sentamos e nos esquecemos desse pequeno *"eu"*, voltamo-nos para o Eu, que é Deus, e compreendemos que *Eu*, no centro de nós, é o fator governante em todas as nossas experiências, e o poder está sobre Seus ombros. É a Lei, a Substância e a Realidade. O que acontece quando descartamos todos esses *"eus"* separados e encontramos apenas Um *Eu* no meio de nós, com todos nós centralizados em Deus, e não em nossos problemas pessoais? Na maioria dos grupos em meditação, cada integrante está pensando em si mesmo e em seus problemas. Mas tudo isso desaparece nesse tipo de meditação, no qual existe apenas Um, Um *Eu*, governando, apoiando, mantendo, sustentando, alimentando, iluminando, ensinando, revelando, desdobrando e apresentando sua própria identidade, enquanto todos esses "eus" separados estão ausentes.

Foi dito que, se pudéssemos ficar em silêncio sobre o assunto *"eu"* por até meia hora, se pudéssemos deixar o *"eu"*, Joel, completamente, ou *"eu"*, Bill, ou *"eu"*, Mary, e contemplar o *Eu*, que é Deus, teríamos o Reino de Deus na Terra.

Se estudássemos as revelações religiosas e filosóficas do mundo, nunca encontraríamos um ensinamento mais profundo do que esse, e é por causa da profundidade desse ensinamento que ele não foi mantido na história da humanidade. Sempre houve um mestre para revelá-lo, e alguns discípulos foram capazes de compreendê-lo. Depois que esse professor em particular e seus discípulos se foram, o ensino desapareceu, porque nunca na história do mundo houve muitas pessoas dispostas a deixar de lado o senso pessoal de *"eu"*.

Temos dois exemplos disso na vida de Gautama, o Buda, e Cristo Jesus. Buda descobriu essa Verdade e a ensinou a seus discípulos, que foram inflamados com o desejo de entregá-la ao mundo. Para fazer isso, eles fundaram *ashrams* onde as pessoas podiam aprender sobre isso. Mas isso derrotou seu propósito, e o Buda se retirou do mundo, porque a palavra *"eu"* continuava em alta. Alguém sempre quis saber quem iria suceder ao mestre. Outra pessoa queria saber quem seria o zelador, quem seria o tesoureiro e o nome de quem estaria na propriedade. A palavra *"eu"* voltou a aparecer e a importância espiritual de todo o movimento foi destruída.

Jesus experimentou a mesma coisa, e Sua revelação é encontrada no livro de João. Ele subia e descia pelos campos, ensinava e pregava nas sinagogas, nas ruas, nas casas e nas colinas, tudo por causa de um desejo interior de libertar o mundo. Ele também encontrou aqueles que procuravam sentar-se a Seu lado direito ou esquerdo[17]. Esse *"eu"* entrou novamente. Não era uma questão do que Deus queria, apenas *"eu"*, *"eu"*, *"eu"*. Depois veio Judas e seu ciúme, e provavelmente o ciúme de alguns dos outros discípulos. O *"eu"* apareceu, sempre *"eu"*.

A palavra *"eu"* foi o que destruiu uma obra espiritual em todos os estados e estágios, porque algum aluno sempre diz a si mesmo: "Oh! isso é uma grande verdade. Isso me colocará na plataforma ou, senão, me colocará à direita do mestre ou à direita do líder". Outra vez *"eu"*, o "eu" entra em cena. Em vez disso, o aluno deve dizer: "Oh! já que não existe um pequeno *'eu'*, não me importo se estou na plataforma ou aqui

---

17 Mateus 20,20-23.

embaixo. Desde que saiba que Deus é o Único Eu, estou cuidando das obras de meu Pai".

Perceba Deus como ser individual

Milagres acontecem quando o *"eu"* não entra. Quando alguém nos pede ajuda e podemos perceber que não existe tal pessoa, que não existe esse *"eu"*, a cura já começou. Mas quando encaramos uma pessoa como *"eu"* e pensamos: "Como vou curá-la, melhorá-la ou enriquecê-la?", nós destruímos nossa eficácia como praticante, porque não existe esse *"eu"*. O Único Eu é Deus, e Ele não precisa de cura, ensino ou enriquecimento.

Se alguém diz: "Estou doente", e nossa resposta é: "Bem, vamos ver o que podemos fazer para melhorar você", então é o cego guiando o cego. O paciente acredita em uma individualidade separada de Deus, e enquanto nós também tivermos uma ideia de uma individualidade separada de Deus, nós dois vamos cair na vala. A única maneira de experimentar um ministério de cura de alto nível espiritual é convencermo-nos de que não existe um *"eu"*, ou ego, separado de Deus. Porque, se existisse, não haveria Deus. Não pode haver Deus e um ser mortal, doente, pecando e morrendo.

Assim, não apenas eliminamos a crença de uma doença física e uma causa mental, mas também a pessoa que a está experimentando, e chegamos à realização de sua Verdadeira Identidade. Não tomamos um ser humano e o tornamos mais saudável, mais rico e mais sábio:

revelamos Deus como um Ser Infinito e Individual. Estamos interessados em ver o Deus do seu ser manifestado permanentemente. A maneira de fazer isso é "morrer diariamente" para a humanidade, renascer para a nossa identidade espiritual e perceber, quando alguém pede ajuda, que, em todo o Reino de Deus, não existe tal pessoa, tal condição. Ao mantermos e sustentarmos essa atitude, a harmonia começa a aparecer.

Quando alguém da nossa família ou amigos envolvidos em algum senso de discórdia vêm à nossa mente, em vez de nos preocuparmos em ver quanto podemos ajudá-los, sentamo-nos: "Ah, eu não vou acreditar que exista tal pessoa. Deus é Infinita Individualidade. Deus é uma Pessoa Infinita. Deus é o Infinito, e além de Deus não há outro".

A verdadeira maneira de ajudar é aprender a "morrer diariamente", e a única maneira de aprender isso é começar com uma disciplina do que chamo de "*não eu*": *Não eu*! Não, essa pessoa não me preocupa. Ele não tem nada a ver comigo. O *eu* único e real está cuidando disso.

Suba para este círculo de Deus

Ao meditar, nunca trazemos um problema à meditação – nunca, nunca. E nunca trazemos uma pessoa que tem um problema à nossa meditação. Deixamos os dois lá fora. Não levamos nada à meditação, a não ser nossa reflexão sobre Deus e o mundo de Deus:

O que é Deus? O que é o Reino de Deus? O que é o Governo de Deus? Qual é o resultado do Governo de Deus? Qual é o resultado do Reino de Deus na Terra? Qual é o verdadeiro significado do Amor Divino? Como posso viver a afirmação: "Ama teu próximo como a ti mesmo?"[18]

Depois de dizer a uma pessoa que vou ajudá-la, o que faço imediatamente, às vezes ela volta ao meu pensamento naquela tarde, naquela noite, no dia seguinte ou na semana seguinte. Quando isso acontece, sei que o problema provavelmente não foi resolvido, então há algo mais a fazer. E o que faço? Apenas digo a mim mesmo: "Tudo bem, saia agora e deixe-me voltar para Deus". Então, volto-me ao Deus que não tem problema, corpo físico, vida finita e nem idade avançada. Fico ali com Deus, e, se a pessoa insiste em entrar, eu continuo empurrando-a para fora. Não a deixarei entrar: nem o rosto dela, nem a figura dela, nem o nome dela, nem o problema dela. Não quero que esse falso conceito de *eu* entre. Comungo com o Verdadeiro Eu do Ser da pessoa, que é Deus. Comungo com Ele, mas não com a identidade humana e os problemas da pessoa. Comungo com o que ela realmente é, o ser de Deus. Enquanto faço isso, a harmonia começa a aparecer.

Se eu pensasse em alguém como um ser humano com problemas humanos, provavelmente seria apenas mais um benfeitor do mundo e, depois que o bem fosse

---

18 Mateus 19,19.

feito, teria de ser refeito algum tempo depois. Mas se mantenho a pessoa como um ser humano com um problema fora do meu pensamento e me apego à sua realidade espiritual, gradualmente trago sua verdadeira identidade à manifestação como sua vida.

Esse tem sido o modo e o método da minha prática individual. É por isso que há um capítulo sobre tratamento ou meditação contemplativa de cura em todos os livros do Caminho Infinito. Embora essas meditações possam variar, o princípio básico de cada uma delas é o mesmo. Começa com a palavra Deus e se encerra com Deus. Em nenhum lugar, nada além de Deus entra. Nunca um paciente entra na meditação.

Quando uma pessoa pede ajuda, minha resposta é recorrer a Deus: Deus. Deus precisa de ajuda? Não, Deus é vida eterna, e Deus mantém e sustenta Sua própria vida. A vida não precisa de nenhuma ajuda minha. A vida é Espírito, e o Espírito é imortal e eterno. Não decai, não envelhece, não muda. Não há espaço nele para dores e queixas. Deus, Espírito, é a substância de todas as formas. Portanto, tudo o que existe em todo esse universo é formado por Deus, uma formação do Espírito, da própria vida, da Verdade, governada pela Eterna Lei de Deus, e nunca pode sair do Reino de Deus mais do que duas vezes dois podem sair do lado de fora do reino da matemática para serem diferentes de quatro.

Minha meditação permanece naquele círculo de Deus. Se é uma questão de inatividade, percebo que, como Ele é a fonte de toda atividade, não poderia haver outra coisa senão a atividade perfeita, porque ninguém tem nenhuma atividade própria. Somente Deus tem atividade. Ele é a atividade do ser.

Ninguém tem força própria. As escrituras dizem: "O Senhor é a minha força"[19]. E a força de Deus nunca falha, então não há força para aumentar e nenhuma para diminuir.

Uma pessoa está em perigo de morrer? Como isso poderia ser, se a vida dele fosse Deus? A vida de Deus não corre o risco de morrer. Não, isso não pode ser.

Pobres motoristas na estrada? Como poderia haver? Existe apenas uma mente, e essa mente é o instrumento da Inteligência Infinita, e é a mente do ser individual. Segundo as aparências, há muitas mentes na estrada, e inúmeras pessoas estão pagando a penalidade por aceitar essa crença. Eu mantenho a verdade de que Deus é a inteligência do ser individual e há apenas a Inteligência Infinita de Deus sendo manifestada.

O homem não tem inteligência própria. Ele não pode ser sábio ou estúpido. Ele não pode ser bom ou ruim. Não pode estar doente ou bem. Somente Deus é Inteligência Infinita. Somente Deus é bom. Somente Deus é vida imortal. Não reconhecerei que qualquer pessoa é espiritual, perfeita ou boa. Reconhecerei apenas que Deus é bom: Deus é vida, Deus é amor, Deus é sabedoria infinita, Deus é inteligência e não há outra pessoa exceto Deus aparecendo.

---

19 Êxodo 15,2.

E, portanto, não credito a ninguém que seja bom, nem o condeno como mau. Não terei nenhum *"você"*, de qualquer pessoa. Vou apenas manter a verdade de que Deus é o único *"você"* de você, e a única coisa que pode ser manifestada por seu intermédio é Deus. Mas é Ele se manifestando: não é você. É Ele se manifestando como você, então você não pode sequer receber o crédito por manifestá-Lo, porque não está manifestando Deus; Ele é que está se manifestando como você – não há nenhuma glória pessoal, nenhuma demonstração pessoal.

Qualquer mal que vemos não existe. Nossa aceitação disso como o mal é o que está causando o problema. Qualquer coisa de bem que vemos é Deus se manifestando, e atribuir esse bem a uma pessoa e dizer: "Você é saudável", ou "eu sou saudável", ou "você é rico", ou "eu sou rico", é apenas estar longe de Deus. Somente Deus é saudável e somente Ele é rico. Nós não expressamos essa saúde; nós não manifestamos essa riqueza: Deus as manifesta. Só existe Deus manifesto como ser individual, sempre Deus, e a glória é sempre de Deus.

3

A mente é uma transparência

Um dos passos que levam a viver pela Graça, em vez de preocupações, é manter a mente imbuída da verdade. Em todos os escritos de *O Caminho Infinito*, ficou claro que nunca esquecemos a mensagem da verdade, isto é, os princípios. Devemos sempre tê-los como uma rocha e um fundamento.

A princípio, nos apegamos à mensagem da verdade intelectualmente. Por exemplo, instruímos a mente, por assim dizer, a se apegar a Deus como um único Poder. Ao imbuir a mente com a verdade, estamos reformulando nosso estado de consciência e, um dia, não teremos conscientemente que nos apegar ao único Poder, porque será tão parte de nós que nem precisaremos negar qualquer outro poder.

A mente não pode optar por fazer isso: nós devemos escolher e nos apegar ao princípio do único Poder. Toda vez que a sugestão de outro poder for apresentada a nós, responderemos com: "Não, eu aceitei Deus como o único Poder". Ao respeitarmos esse princípio, estamos reconstruindo nosso estado de consciência. Estamos "morrendo"[20] para a crença em dois poderes e renascendo na consciência de um Poder.

---

20 1Coríntios 15,31.

Tomemos outro princípio básico do Caminho Infinito: um Ser. Deus é Individualidade Infinita. Deus é meu Ser, Deus é seu Ser, existe apenas um Ser. A mente, por si mesma, não pode aceitar o Princípio do Ser Único: somos nós que devemos aceitá-lo e mantê-lo em nossa mente. Toda vez que alguém fala sobre uma individualidade má, perigosa ou insana, retornamos com: "Mas existe apenas um Ser, e esse Ser sou Eu". Nós nos apegamos a essa Verdade contra todas as aparências lançadas sobre nós sobre um homem ou mulher, um homem pobre ou rico, doente ou saudável, e, então, "morremos" para a crença de muitos eus, e somos renascidos na consciência de um Ser.

Instruindo a mente sobre suprimentos e saúde

A crença universal é que o suprimento está fora, no mundo, e que devemos lutar para obtê-lo. Mas a verdade é: Eu sou o suprimento. "Tenho carne para comer, a qual não conheceis."[21] Se nossa mente soubesse disso, não precisaríamos receber instruções sobre o suprimento; mas a mente é ignorante desta verdade, até que a instrução nos seja dada. Depois de recebê-la, mantemos a mente imbuída da verdade que eu sou suprimento, eu sou o caminho, eu sou a carne, o vinho e a água.

---

21 João 4,32.

Amanhã pode chegar a tentação de não termos o suficiente, mas nossa resposta deve ser: "Espere um minuto, só um minuto! Não estou julgando pelas aparências. Agora estou julgando pela verdade, e a verdade é que tenho carne que o mundo desconhece e tenho doze cestos sobrando". Ao nos debruçarmos sobre essa verdade, a mente se torna tão imbuída dela que passamos a "morrer" para a crença da falta e renascemos na consciência da abundância onipresente.

Muitas pessoas se perguntam por que, depois de terem demonstrado o suprimento, no próximo ano devem fazer outra demonstração da oferta e, posteriormente, outra. Por que não é permanente? Não é permanente porque elas não atingiram a consciência do suprimento. Apenas tiveram uma demonstração disso por alguma consciência própria passageira ou pelo benefício da consciência de outra pessoa, mas não alcançaram uma consciência plena de suprimento.

Da mesma forma, podemos continuar doentes todos os anos, ter uma cura, e depois adoecer novamente, e ter outra cura. Isso não é necessário. O que devemos fazer é alcançarmos a consciência da saúde. Para fazer isso, temos que "morrer diariamente" para a crença mundial em dois poderes e renascermos em uma nova consciência de um Poder, o Poder do EU SOU. Não é um poder que age sobre nós: é um Poder que age por meio de nós e como nós.

A mente é um instrumento

A verdade é que só somos divinos quando nos esvaziamos da crença universal em dois poderes e do senso pessoal de tentar engrandecer-nos, ficando ricos ou famosos. Quando percebemos que o Ser que realmente somos é Deus, fica claro que o Ser não precisa de *glamour*, não precisa de adulação ou fama pública.

Quando buscamos a fama e deixamos o mundo nos perseguir, trocamos nosso direito de nascença por uma bagunça. O mundo tem uma coroa em uma mão e uma cruz na outra, e não precisamos nem pensar que alguma vez seremos satisfeitos até subirmos na cruz. Todo campeão descobriu isso. Assim que ele se torna um campeão, a multidão inconstante começa a aplaudir o outro candidato. "Vaidade de vaidades, diz o pregador, vaidade de vaidades! Tudo é vaidade"[22]. Realmente é.

Temos o que está além do preço: nossa verdadeira identidade como Ser de Deus. Mais do que isso não podemos ter. Também temos uma mente, um belo instrumento, uma bela transparência, e ela aceitará tudo o que dermos. Vamos mantê-la preenchida com um único Poder, para que, com cada aparecimento de dois poderes, mantenhamos essa verdade em nossa mente e digamos: "Não, eu aceito Deus, Espírito, como o único Poder".

Tomemos a palavra *lei* em nossa mente. Deus é lei, e toda a lei é espiritual. Mas existem leis civis, leis físicas, leis mentais e, quando elas se chocam contra nossa cons-

---

22 Eclesiastes 1,2.

ciência de uma lei, somos firmes: "Não! Eu não as aceito. Eu aceito somente Deus como lei!". Ao fazermos isso, estaremos "morrendo" para nossos medos em relação a outras leis, e renasceremos na consciência de uma lei.

A mente nada mais é do que um instrumento que, em sua essência primordial, é absolutamente incondicional. A mente não tem qualidades de bem ou mal. É apenas um instrumento que nos foi dado para nosso uso. Não dizemos "minha mente", "sua mente"? A mente não é você ou eu. Caso contrário, não pensaríamos em termos de "minha mente", "mente dele", "mente dela"... Cada um de nós tem esse instrumento, essa mente, que é a mente do ser individual, a única mente.

Podemos ter bons ou maus pensamentos, pensamentos destrutivos ou construtivos. É o nosso estado de consciência que determina o que nossa mente pensa, e a consciência é o que somos. Nossa mente não pode impedir-nos de pensar em qualquer tipo de pensamento que desejemos, porque estamos no comando, e nossa mente deve nos deixar usá-la para qualquer finalidade que decidirmos. Se queremos empregá-la para o bem, assim será; mas, se queremos usá-la para o mal, assim será. Quando sabemos disso, estamos no controle de nossa mente, e ela não está fugindo do nosso comando.

Mantendo a mente firme na verdade

No início de nossa vida espiritual, geralmente quando estamos no caminho metafísico, somos ensinados a manter a mente firme na verdade, imbuída de verdade, e, o mais rápido possível, a abandonar os aspectos negativos da vida. Mas não é a mente que é poder: somos nós que somos o poder. Somos nós que imbuímos nossa mente, e nossa vida exterior mostrará aquilo com que preenchemos a mente.

A própria mente é como uma vidraça. Não é um poder que cria luz; nem sequer ilumina; é apenas uma transparência através da qual a luz brilha. E, assim, nossa mente é a transparência que expressa o que damos a ela.

À medida que mantemos a mente cheia dessas verdades, estamos deixando nosso velho *eu* "morrer", aquele *eu* que teme poderes negativos, aquele *eu* que tem uma identidade separada de Deus, aquele *eu* que não reconhece sua Divindade. Deixamos que "morra" e que renasça o indivíduo que sabe que é Um com o Pai.

A mente incondicionada é uma pura transparência

Uma mudança ocorre em nossa vida quando aceitamos a mente universal como um instrumento puro, um refletor do que mantemos na consciência. Se mantivermos uma mentira na mente, o resultado será duas vezes dois é cinco. Se mantivermos a verdade em nossa mente, assistiremos à harmonia trazida em nossa experiência. "Escolhei hoje a quem servireis."[23] Nossa mente

---

23 Josué 24,15.

não pode escolher: *nós* escolhemos e, então, mantemos a verdade em nossa mente, e ela se torna uma transparência para a nossa experiência.

É por isso que, quando estamos em meditação, o ouvido está aberto como se esperássemos ouvir algo mesmo, mas isso é apenas simbólico do ouvido interno, que está em sintonia com Deus. Quando estou dando uma aula, não estou pensando nem usando o pensamento. Estou mantendo minha mente como uma clara transparência para receber os pensamentos de Deus. "Pois meus pensamentos não são os vossos pensamentos nem vossos caminhos, os meus caminhos."[24] Não é o seu pensamento que lhe acrescenta um côvado nem o seu pensamento que torna um cabelo branco em preto, mas quando você é receptivo ao que vem das profundezas de dentro de si mesmo, a terra se derrete.

Quando estamos em meditação, trabalhamos primeiro com declarações específicas da verdade. Isso ajuda a estabelecer nossa mente em uma atitude de escuta e, depois, segue-se o período de escuta, em que nossa mente está pronta para receber qualquer mensagem, impulso ou sentimento que Deus tenha para nós. Estamos recebendo os pensamentos de Deus, as palavras de Deus, a verdade de Deus. Às vezes, haverá mensagens totalmente diferentes das que já ouvimos ou lemos.

Em certa medida, todo mundo que foi conduzido a um ensino da verdade já está preparado para recebê-la.

---

24 Isaías 55,8.

E de onde ele a receberá? "O Reino de Deus está dentro de vós."[25] É apenas quando ele aprende a não pensar, mas fica quieto, que recebe transmissões de dentro, algumas das quais serão mensagens, outros impulsos, outros sentimentos, mas todos produzirão frutos definitivos em sua vida. Uma coisa é certa: a partir do momento em que ele entra em contato com a Fonte da Vida, ela começa a alimentar, vestir, abrigar, instruir, orientar, manter e proteger.

Cura por intermédio de uma mente imbuída de verdade

Enquanto eu reconhecer o Eu, meu Eu, desde que reconheça uma mente invisível e incorpórea como meu instrumento, desde que continue cheio da verdade, se houver algo errado com meu cérebro ou meu corpo, isso será corrigido. Como? Conheço a verdade em e por intermédio de minha mente, e essa verdade que conheço em minha mente se torna a própria essência e substância do meu corpo, porque a mente é a substância do sentido físico do corpo. A mente não é algo separado e à parte desse corpo: a mente é a essência e a substância dele. Portanto, o que quer que eu transmita à minha mente aparece no corpo.

O exemplo mais notável, e que pode ser facilmente entendido, é que, se uma pessoa enche sua mente de pornografia, seu corpo começa a sentir-se luxurio-

---

25 Lucas 17,21.

so. Se ele encher sua mente de sujeira, o corpo ficará desconfortável. Não pode ser evitado. Por outro lado, a pessoa que enche sua mente de verdade espiritual encontra o corpo tornando-se pacífico, harmonioso e em repouso. O descanso não depende de uma pessoa dormir ou não. O sono não é uma atividade de Deus; é um passo para a inconsciência e é necessário apenas por causa da crença universal. O repouso é necessário, mas podemos descansar preenchendo nossa mente com a verdade espiritual. Ao fazê-lo, nosso corpo descansa e está em paz. Pode causar sono ou não, mas nesse trabalho provamos quão pouco sono realmente precisamos, quando a mente está imbuída da verdade espiritual.

Qualquer que seja a natureza daquilo com que enchemos a mente, é a ela que o corpo responde. Se um praticante percebe a verdade sobre Deus, homem, corpo, lei e substância, e preenche sua mente com a verdade espiritual que alcança a convicção absoluta de que existe apenas uma presença e um poder, ele é capaz de trazer a cura para si mesmo e para aqueles que se voltam a ele em busca de ajuda. À medida que os dias e as noites são preenchidos com oração e conhecimento da verdade sem cessar, a vida de uma pessoa se torna contínua da verdade, que a sustenta em todas as aparências.

Quando você passa a considerar toda discórdia não como uma coisa ou uma condição, mas apenas como uma aparência, começa um bom trabalho de cura. Se você acha que tem uma doença ou condição a superar, nunca será um bom curador. Você deve aprender a não tratar nada como uma condição, mas a tratá-lo como uma aparência ou sugestão, seja desemprego, loucura, câncer ou tuberculose. Então, deixe a aparência atingir uma mente imbuída de verdade, e você começará a fazer um trabalho de cura antes mesmo de renascer, e seu renascimento virá mais rapidamente.

Firme-se na verdade. Não lute contra a aparência, mas deixe-a bater contra sua mente, que está imbuída de verdade, e a aparência se dissolverá. Se você tentar fazer algo, ficará enredado nela porque a aceita como real, enquanto não o é. Se fosse real, não poderia ser curada. Se Deus tivesse feito isso, você não poderia desfazê-lo. Tenha certeza de que o que Deus fez, nenhum homem pode mudar. É somente porque Deus nunca fez o pecado, doença e escassez que você pode se sentir completamente livre dentro de si mesmo, e isso desaparecerá da sua vida. Isso desaparecerá na proporção em que puder conservar os princípios espirituais em sua consciência, mantê-los em sua mente e deixar-se renascer da verdade.

Se aceitarmos o princípio metafísico de manter a mente em Deus, se nos apegarmos ao lado positivo da vida e deixarmos que o lado negativo seja gradualmente desfeito ou diminuído, descobriremos que nós mesmos governamos nossa vida, nossa mente e nosso corpo. Mas fazemos mais do que isso. Finalmente, chega o dia em que não estamos mais pensando: estamos recebendo pensamentos. E é aí que entra o Eu, o Eu, que é Deus.

Quando Paulo afirmou: "Já não sou eu quem vive, mas Cristo vive em mim"[26], ele quis dizer que estava, naquele momento, recebendo vida, instrução, domínio e governo do Eu Transcendental e Invisível. A mente está executando as instruções, de modo que, em vez de darmos instruções à mente, elas agora estão vindo do Eu que realmente somos. Então, podemos deduzir que não estamos realmente pensando. Pensamentos estão surgindo, vindo para nós.

Deus não é mente, mente não é poder, mas a mente, em seu estado incondicional, é uma transparência perfeita para Deus. Se mantivermos nossa mente imbuída de verdade espiritual e harmonia espiritual, logo descobriremos que não apenas nossa própria mente é uma bênção, mas também a mente de todos os que estão ao nosso alcance.

---

26 Gálatas 2,20.

4

Consciência

A palavra "consciência" é uma das mais importantes na mensagem do Caminho Infinito, mas é tão difícil de definir quanto Deus. Qualquer nome que possa ser dado a Deus não é Deus. Até o nome Deus em si não é Deus, nem Alma, Espírito, Princípio ou Amor. São meras palavras que revelam certas facetas Dele.

Não há como, por meio das palavras, alcançar um entendimento de Deus. Quando você chega ao fim das palavras, descobre que existe *Algo* que não é uma palavra, mas é o seu Ser, e esse é o *Eu*. O *Eu* não é uma palavra: é o meu Ser.

Quando Moisés alcançou a revelação do *Eu Sou*, Deus lhe foi revelado e ele alcançou a experiência que vai além das palavras.

O Mestre Cristo Jesus disse: "Eu sou o caminho, a verdade e a vida"[27]. Ele estava declarando o *Eu* e, portanto, poderia finalmente revelar o que Moisés sabia, que "Eu e meu Pai Somos Um"[28].

---

27 João 14,6.

28 João 10,30.

Expandindo o conhecimento

Quando você diz "eu" ou quando digo "eu", a próxima pergunta é: quem sou eu? O que sou? Onde estou? Qual é a minha função? Esse é o mistério, o mistério das eras. Procuramos por isso, mas, no nosso sentido, fica claro que você, como pessoa, não é Deus, e que eu, como pessoa, não sou Deus. O que sabemos de nós mesmos com a mente certamente não nos permite acreditar nem por um momento que um ser humano poderia ser Deus. No entanto, o Eu é Deus, ou então todas as revelações do mundo estão erradas, mas como conheço a mim mesmo, definitivamente sei que não sou Deus, porque conheço todas as minhas próprias fraquezas, sei de todos os meus próprios defeitos.

À medida que vou mais fundo, descubro que aquilo que conheci como eu e que você conhece como eu não é o *Eu*. É uma ideia falsa do meu Ser que estou mantendo; então, há áreas de mim que precisam ser investigadas mais a fundo, pois tudo o que sei é o que estava na minha mente e no meu corpo.

Pela contemplação, passei a identificar aspectos de mim mesmo que nunca conheci antes. Eventualmente, isso me levou a ver que não sou um corpo e que, mesmo sem um corpo, eu estaria intacto. Mas sem consciência, não sou nada. Por causa da consciência, sou consciente: sou consciente das coisas, consciente de um mundo a meu respeito, e consigo identificar Sol, Lua, estrelas, Terra e formas de vida humana, vegetal e animal. Além de tudo isso, tenho consciência de pensamentos, pensamentos que não dizem respeito a coisas: pensamentos de amor, benevolência, caridade, comunhão e amor fraterno. Essas não são formas físicas concretas, são uma área no reino mental além do físico, algo na forma de ideias e relacionamentos.

Em algum momento, tomo ciência de um sentimento que aflora dentro de mim e, em seguida, um sentimento de uma resposta que reconheço como oração e comunhão. Eu e meu Pai estamos em comunhão. Estou comungando com Algo de dentro não identificável – pacífico, às vezes alegre, libertador.

Assim, estou ciente não apenas do que está no reino físico e dos pensamentos e ideias do reino mental, mas agora estou me tornando consciente de um reino que está além das coisas e dos pensamentos, além do que posso ver e pensar. Tenho que atribuir a palavra sentimento a isso, mas não é no sentido do tato, mas, sim, no da consciência.

Tudo o que descrevi nessas poucas palavras me levou à revelação de que a consciência é o que Eu Sou, porque tudo o que existe para mim é estar consciente. Se eu não estivesse consciente, o que seria? Não quero dizer que, se eu estivesse inconsciente, o que eu seria, porque, se estivesse inconsciente, a consciência ainda estaria funcionando. A consciência não teria sido removida: apenas temporariamente não estaria ciente disso.

Mas suponha que a consciência fosse destruída, então o que eu seria? Um vegetal, e nem mesmo um vegetal vivo. Em outras palavras, poderia ficar sem pés, mãos ou olhos, e ainda assim estar consciente e vivo. Mas não posso me livrar da consciência e restar algo de mim. Consciência é o que constitui meu Ser. Consciência é o que sou. Tire a consciência, e eu não sou nada; dê-me consciência, e eu sou tudo. Eu sou tudo de que posso me tornar consciente; sou tudo o que posso incluir na consciência e, além disso, sou ainda mais, porque, além de "ter consciência", sou a própria consciência.

Mas, se sou consciente apenas de um universo físico, estou vivendo no nível animal da vida, consciente de nada além de fisicalidade, de uma forma ou de outra. Esse era o estágio e o estado de consciência de nossos ancestrais que habitavam as cavernas nos dias pré-históricos, quando o homem vivia inteiramente pela força e pela sensação física.

O início da era mental pode ser atribuído àquela época em que o homem passou a descobrir as ciências, a matemática, a construção de estradas, templos e pirâmides. Essa era uma evidência de que a mente estava se abrindo e o homem estava começando a viver como um ser mental e físico. Ele era um ser mental vivendo por meio do corpo físico e erigindo um universo físico, mas com pouca ou nenhuma consciência de algo além disso. Para ele, mente e matéria, inteligência e forma eram tudo o que havia.

O homem animal, originalmente consciente apenas do corpo e das coisas, mais tarde se tornou um ser mental consciente da matemática, astronomia, arquitetura, artes e filosofia. Do mesmo modo, o homem mental e físico, que, na realidade, nunca foi um homem mental ou físico, mas era um estado de consciência nesses níveis, agora rompeu as limitações da mente e tornou-se consciente de um nível superior de vida.

Quando uma pessoa que é em parte um ser mental e em parte físico recebe luz, iluminação, iniciação – chame como quiser – ela é dotada a partir do Alto e rompe as barreiras da mente, tornando-se consciente não apenas de um mundo físico e mental, mas de um mundo espiritual.

Até certo ponto, a pessoa conhece as dores e os prazeres do corpo e da mente, mas a esses agora se acrescentam os maiores prazeres: a percepção e a consciência do Espírito. Nesse estado superior de consciência, ela está ciente de corpo e mente, mas ela também está consciente em alguma medida do domínio espiritual da vida, para que agora possa comungar com o Espírito. O Espírito de Deus se torna um com o seu Espírito; a vida de Deus se torna uma com a sua vida, e, nesta comunhão, ela pode estar em casa em um reino que o ser humano não sabe que existe e que negaria se lhe dissessem.

Quando sei que consciência é o que eu sou, estou certo de que a razão pela qual sou consciência deve ser que Deus é consciência, pois sou um com o Pai. Não pode haver uma descendência separada e à parte de Sua substância básica, certamente não diante da revelação mística de que tudo o que Deus é, Eu sou, e tudo o que o Pai tem é meu.

Por trás do corpo e da mente está a consciência

A princípio, você pode aceitar apenas intelectualmente a verdade de que não somente você é a pessoa física que pode se ver no espelho, mas também é essa pessoa mental que pode ler, escrever, pensar, planejar e criar. Porém, se não fosse pela consciência, não se conheceria como corpo e mente.

Com seu corpo ou sua mente, você nunca conhecerá Deus, mas há uma área de sua consciência que pode e deve eventualmente vir a descobrir as coisas de Deus, assim como sabe as coisas dos reinos físico e mental.

Na vida mística, você não despreza o reino físico nem menospreza o reino mental. Percebe que, para ser um homem inteiro, além do físico e do mental, deve haver aquela Consciência Infinita e Divina que lhe dá integridade à sua alma e amor ao próximo. Já parou para pensar que, como ser humano, uma pessoa não pode amar o próximo como a si mesmo? Refletiu em como isso é impossível? Uma pessoa pode ser capaz de amar o próximo de quem gosta, mas seria muito "seletivo" com o vizinho que ele vai amar como a si mesmo. Você não vê que apenas porque a Alma de Deus é a sua Alma, você pode amar o seu próximo como a si mesmo, sem se importar se é um vizinho amigável ou hostil, mas amar no sentido que Deus ama?

Reparou que, como ser humano, é impossível orar por seus inimigos e, se o faz, é apenas da boca pra fora? Não sabe que, humanamente, não pode perdoar "setenta vezes sete"[29]? Mesmo que pudesse, isso nunca seria perdão, até que você perdoasse por intermédio daquela parte de você que é divina, aquela face que sabe que, humanamente, você mesmo tem suas próprias falhas e, assim como seria perdoado, também pode perdoar.

Se a consciência individual está ciente no nível físico ou mental, por trás de ambos deve estar a Consciência que está plenamente consciente, e essa Consciência é Deus. Agora, chegue à verdade de que a Consciência que é Deus é a consciência que você é, e então você chega à unidade. Então, você pode relaxar seus esforços pessoais; pode deixar de se preocupar com sua vida. Por que você deveria se preocupar, se a Consciência que o formou é responsável por mantê-lo e sustentá-lo? Você pode relaxar em Seu Espírito e Sua Sabedoria, porque Seu Espírito e Sua Sabedoria são seus.

Se você vive apenas como um ser físico, as pessoas falam de você como forte ou fraco, o que significa que tem um corpo forte ou fraco. Se subiu ao reino mental, eles falarão de você como tendo um grau maior ou menor de inteligência.

---

29 Mateus 18,22.

Mas, se você ascendeu à casa de seu Pai e reconheceu que Deus é a consciência que você é, então alguns perceberão algo em você de natureza espiritual, impessoal e universal. Se o fizerem, significará que eles também começaram a subir acima dos reinos físico e mental, porque agora também possuem o discernimento que somente o Filho de Deus tem: a capacidade de contemplar e receber as coisas de Deus, o conhecimento de Deus.

Uma pessoa que recebeu alguma medida de luz espiritual ascendeu acima de ser apenas um ser humano, não inteiramente, mas subiu pelo menos à realização da identidade espiritual, e isso a torna "um pouco mais abaixo que os anjos"[30]. De fato, faz dela um anjo.

Anjos são realmente indivíduos espiritualmente iluminados. Moisés era um anjo, assim como Elias, Eliseu, Isaías, Jesus e João. Embora vivessem mental e fisicamente, a maior parte de sua vida era vivida em iluminação espiritual. Na proporção em que podemos ver isso neles, nós mesmos alcançamos alguma medida de discernimento espiritual.

Discernimento espiritual

Quando você está oferecendo ajuda espiritual a alguém, se você pode ficar não consciente de sua humanidade e mesmo que momentaneamente ciente de sua identidade, natureza ou forma espiritual, nesse grau

---

30 Salmo 8,5.

você se torna filho de Deus e é capaz de conhecer e discernir as coisas do Pai. A partir de então, é uma questão de desenvolver até que, mais e mais, você esteja vivendo não no corpo nem na mente, embora continue a usá-los para os fins a que foram destinados. Mas você tem esses momentos de ascensão acima do corpo e da mente – em termos das Escrituras, chamados de estar "ausentes do corpo e... presentes no Senhor"[31]. São momentos em que os sentidos físico e mental estão ausentes, e as coisas de Deus e as leis Dele são discernidas.

O discernimento espiritual começa quando você para de tentar conhecer a Deus com sua mente e está disposto a reconhecer que Ele *é*. Quando você diz: "Deus é amor", ou "Deus é vida", ou "Deus é poder", está construindo uma imagem em sua mente, e isso é idolatria. Mas quando você pode relaxar na verdade de que Deus *é*, não está tentando abraçar o Infinito dentro dos limites do pensamento. Você está aceitando o que Deus *é* como *é*; e então deixar que o que *é* defina a Si Mesmo para você.

Por anos, como indiquei, também estive usando palavras e pensando adorar a Deus. Por fim, impressionou-me a revelação de que não há palavra além de *Eu*. *Eu* não é uma palavra em minha mente: o *Eu* é o meu Ser. Visto que Eu e o Pai Somos Um, e há apenas Um Eu, então Deus deve ser o meu Ser. Isso faz sentido. Algo está funcionando como Joel, e o que poderia ser senão

---

31 2Coríntios 5,8.

Deus funcionando como o Filho? O *Eu* é Deus, e o *Eu* é o meu Ser.

Para viver isso, o senso pessoal do eu deve parar de pensar; caso contrário, ele está tentando brincar de Deus, e isso é muito perigoso. Deve parar de tentar adivinhar qual será o clima, o que ocorrerá nos negócios, de formular seus planos, e deixar Deus revelar Sua Vontade, Seu Plano, Sua Vida.

Para retornar à casa do Pai, lembre-se de que você e o Pai são um, e a Consciência de Deus e sua consciência individual constituem essa unidade. Na proporção em que está "ouvindo", você está consciente da presença de Deus, do poder, da realidade, da alegria, do Espírito, da vida e da sabedoria de Deus. Em seu corpo e em sua mente, você não pode conhecer as coisas de Deus. Reconhecendo-se como consciência, no entanto, e adotando o ouvido atento, a atitude da Consciência, você se torna o Filho de Deus, que é coerdeiro de todas as riquezas celestes. Isso ocorre porque tudo o que a Consciência do Pai tem, sua consciência individual tem.

5
Evolução dos estágios da consciência

Existe uma substância ou essência invisível denominada consciência, que pode ser experimentada, mas nunca definida ou analisada. Tem um significado além do encontrado em qualquer dicionário, um sentido que só podemos compreender por nossa consciência espiritual, nosso poder de discernimento.

A consciência não é apenas eterna e onipresente, mas é a nossa consciência, nossa consciência individual, a substância, a causa e a lei do ser individual. Essa consciência é tão infinita que preenche todo o espaço não apenas na terra, debaixo da terra e no céu, mas é a consciência de todo o universo, de eternidade a eternidade, sem começo e sem fim: é Ser incondicional, eterno, imortal.

No princípio, essa consciência incondicionada funcionava em toda a sua plenitude. Éramos a expressão dessa atuação, e nossa experiência era totalmente pura, imortal e eterna. Não havia pecado, nem doença, nem morte, nem falta, nem limitação. Era um estado puro do ser espiritual.

Em algum momento da história da humanidade, o homem perdeu sua herança divina, isto é, tornou-se inconsciente dela. É descrito nas Escrituras como a experiência adâmica. Adão e Eva, figuras simbólicas, representam a raça humana que aceitou uma crença em dois poderes: um poder do bem e um poder do mal; e, ao aceitarem essa crença, eles foram expulsos do Jardim do Éden e se separaram de sua Fonte, da Consciência de Deus. Isso é a crença, mas nada, realmente, pode separar alguém da infinita harmonia divina.

Como resultado do sentimento de separação que surgiu, simbolizado por Adão e Eva sendo expulsos do Jardim do Éden, encontramos um conceito mortal mantido na forma de dois filhos. Esses dois filhos eram os conceitos mortais da raça humana – um o bem, e outro o mal. Com esse conceito, a raça humana mergulhou profundamente na degradação, na forma mais baixa da existência, até mesmo no canibalismo em alguns lugares, sendo o assassinato um acompanhamento natural desse baixo estado de consciência.

Desde então, a espécie humana, como tal, não teve contato com Deus. Passou a ser "o homem natural que não recebe as coisas do Espírito de Deus"[32]. O Mestre resumiu com estas palavras: "Se um homem não permanece em mim, será lançado fora como um ramo e secará"[33]. Essa é a espécie humana. Não somos você ou eu como indivíduos: é toda a espécie.

---

32 1Coríntios 2,14.

33 João 15,6.

A Parábola do Filho Pródigo não é um relato de um homem que saiu da casa de seu pai e voltou. É a história do estado humano de consciência que deixou a casa de seu Pai para vagar na Terra estabelecendo uma individualidade própria e, finalmente, chegando a ponto de criar coisas tão maravilhosas que agora se pergunta se elas não se voltarão contra ele e o destruirão: "Veja que mundo eu fiz para mim! Dividi o átomo; criei o maior poder que existe na Terra; e agora tenho medo que isso me devore".

Frankenstein! A mente humana criando sua própria destruição, fazendo um banquete com os porcos, e não apenas individualmente, mas dizendo coletivamente: "Para onde vamos? Agora que criamos esse grande poder, não o controlamos: nós o tememos!"

Nesse exato momento, a mente humana está comendo seu banquete com os porcos. É o ponto mais baixo ao qual desceu na história do mundo. Não sabe se pode sobreviver até amanhã. No fundo dessa mente, deseja estar na casa do Pai, ou se pergunta se há um lugar para onde retornar. Consciente ou inconscientemente, o mundo está buscando luz espiritual para se libertar do Frankenstein que criou.

· Existe apenas uma maneira de ser libertado. Se você fez um veneno e está com medo, se você criou uma bomba e está com medo, se inventou uma ideologia e agora está receoso, o remédio é perceber que o Eu que você é, esse Eu é a consciência, e não forma; consciência, e não mente. É perceber que a consciência que você é, ela é Deus, e essa Consciência Divina, sua Consciência Individual, governa toda forma. Portanto, você não precisa mais temer o veneno, a bomba ou a ideologia, pois a Consciência, que é Deus é o mestre de todas as formas. "Eu [Consciência] venci o mundo"[34].

Até que o Espírito de Deus se estabeleça na pessoa como uma atividade da consciência, ela não pode conhecer as harmonias de Deus, a graça ou o amor de Deus; mas quando esse velho Adão morre, a pessoa renasce do Espírito. Ele é feito um novo homem na Consciência do Cristo. Ele abriu sua consciência para Deus, e Deus entrou.

A partir daquele estado depravado em que os homens se abraçam em escravidão, defraudam ou roubam uns dos outros e vivem da crença humana de que a autopreservação é a primeira lei da natureza, tiveram que evoluir para cima, e essa evolução levou tempo.

A humanidade ainda não entrou em um estado de civilização, embora essa era seja chamada civilizada. Mas não pode ser considerada assim enquanto uma nação está pronta para lançar uma bomba para destruir milhões de pessoas apenas para que possa ser salva. Enquanto qualquer país negar total liberdade a qualquer etnia, enquanto uma nação tiver uma abundância tremenda e não a compartilhar com a outra metade do mundo que está passando fome, isso dificilmente poderá ser chamado de civilização. Não, a espécie huma-

---

34 João 16,33.

na é uma consciência em evolução e, como um todo, tem evoluído lentamente, desde seu ponto mais baixo de degradação.

O primeiro alvorecer da luz espiritual na consciência individual

À medida que a consciência evoluiu, ela passou a ser purificada, e o homem pré-histórico progrediu para um tipo mais elevado de humanidade, até que, há algum tempo, milhares de anos atrás, a luz começou a surgir na consciência. Alguns seres humanos começaram a sentir algo melhor e maior do que eles mesmos, algo que eles não conseguiram alcançar.

Todos nós passamos por uma experiência semelhante a essa em que sentimos, dentro de nós, um *Eu* melhor do que aparentamos ser exteriormente. Vislumbramos a verdade de que há uma parte de nós que é muito mais divina do que aquilo que estamos expressando em nossa vida humana. Alguns de nós, talvez, ainda perdem a paciência, ficam com raiva, dizem coisas das quais nos arrependemos mais tarde e depois percebemos quão tolo isso foi: "Não quis dizer isso; isso não sou eu. Não gosto de ser assim". Outros, em períodos de falta ou limitação, são tentados a mentir ou roubar e depois se arrependem, percebendo: "Como eu poderia ter feito algo assim! Teria sido melhor se tivesse morrido de fome, pois entendo melhor agora que estou em sã consciência". Essa é toda a consciência humana imperfeita, mas que discerne vagamente a perfeição que é realmente o seu verdadeiro estado.

Ao primeiro amanhecer na consciência da luz da sabedoria espiritual, alguns homens começaram a perceber que há uma parte de si que é divina e melhor do que sua individualidade humana.

O primeiro registro dessa luz aparecendo como pessoa é encontrado na Índia, na forma de Krishna, que é presumivelmente o primeiro homem na Terra a ter adentrado o reino espiritual. Seu nome poderia ter sido José, João ou Paulo, ou qualquer que seja o seu equivalente na Índia, e, portanto, ele provavelmente seria chamado João, o Krishna, ou Paulo, o Krishna, significando a Luz ou o Iluminado. Mas, com o passar do tempo, a personalidade humana foi esquecida e ele foi identificado apenas como a Luz e, assim, tornou-se Krishna, a Luz ou o Iluminado.

Krishna foi a Consciência Divina que invadiu a mente do homem e depois foi personalizada como se fosse um homem, mas não o era. Foi a Luz da Consciência Espiritual que permeou a mente de um indivíduo e trouxe à luz a primeira consciência espiritual ou quarta dimensão. Buda também é uma palavra que significa Luz ou Iluminação, a mesma consciência de Krishna. Onde quer que a Luz apareça, é aquela consciência original, infinita e divina que tocou um indivíduo.

Cerca de quinhentos anos depois, essa Luz apareceu novamente na Terra Santa. Ali vivia Jesus, um rabino hebreu, que se tornou o Cristo, a Luz do mundo, o Salvador, ou o Filho de Deus. E assim, com o tempo, temos o nome Jesus, o Cristo.

O interessante disso é que a palavra Cristo é da mesma raiz que a palavra Krishna e tem o mesmo significado: Luz ou Iluminação. Hoje, o Cristo é encarado como um homem, mas não é. O Cristo é a Consciência Iluminada, Infinita e Divina, irrompendo na mente de um indivíduo e aparecendo como homem.

Gautama, Jesus e o primeiro Krishna, de quem não temos uma história precisa, mas de quem podemos traçar o mesmo padrão, eram seres humanos como você e eu. Eles finalmente alcançaram a Iluminação Espiritual e, depois disso, cada um ficou conhecido como o Iluminado.

Na Índia, nunca houve qualquer desvio da verdade de que alguém possa buscar a Iluminação ou o estado de Buda e obter alguma medida disso. Nem todos podem alcançar o que Gautama fez, pois ele parece ter sido totalmente Iluminado. Não haveria muitos que atingissem a iluminação completa e plena, mas sempre foi reconhecido na Índia, mesmo agora, que alguém pode se tornar um Buda ou receber alguma medida de iluminação.

Quando a Igreja Cristã foi organizada com seus ensinamentos construídos em torno de um caráter central, esse indivíduo foi criado como se ele fosse o único a alcançar a Iluminação, e ninguém mais poderia alcançá-la. Portanto, na Igreja Cristã há um Cristo, a quem reconhecemos como Jesus, o Cristo, o Iluminado. Essa crença, aceita com poucas exceções, de que ninguém mais pode ser iluminado, que ninguém mais pode ter Luz Espiritual, ocultou o desenvolvimento espiritual do mundo ocidental e o manteve na escuridão espiritual.

Ao longo dos tempos, houve mulheres e homens que alcançaram a Iluminação e a União Consciente com Deus, o que é conhecido como Consciência Mística. Com as atitudes religiosas no Ocidente como são, os místicos costumam ser perseguidos ou, se autorizados a viver, obrigados a viver fora da Igreja.

O que nos interessa neste momento é o que constitui Iluminação ou Visão Espiritual. O que Gautama, Jesus e outros místicos descobriram? Qual é o segredo da Iluminação? A resposta é que os místicos descobriram que há uma parte do ser humano que é divina; existe uma luz dentro de cada pessoa; uma presença e um poder.

Toda pessoa que alcançou a luz espiritual revelou que somos filhos de Deus, mas não como seres humanos. Aqueles de visão espiritual foram capazes de perceber que a mesma Divindade dentro deles está por ser descoberta, revelada, vivida e demonstrada dentro de cada um. Esses místicos também ensinaram como podemos alcançar a sabedoria espiritual e trazer à luz nossa filiação divina, aceitando a palavra deles de que existe apenas um princípio criativo que fez de nós irmãos, filhos do único Pai. Essa consciência em evolução, que levou a humanidade do homem das cavernas ao seu estado atual, está levando-o à sua origem divina.

Liberdade como uma ideia de consciência em evolução

À medida que a consciência evoluiu, os ignorantes, os analfabetos, os escravos e os não religiosos começaram a perceber um estado de Ser mais elevado do que aquele em que estavam vivendo. Tornaram-se mais conscientes da natureza da Liberdade, Igualdade e Justiça.

As primeiras pessoas a obterem uma considerável medida de liberdade foram os gregos, que trouxeram alguns dos ideais da liberdade à plena floração. Aqui temos o início das grandes filosofias, incluindo a metafísica e o misticismo. Mas muito disso foi perdido; e como a liberdade surge e desaparece de um lugar para outro, nunca sobrevive permanentemente em qualquer lugar.

Foi Thomas Jefferson quem disse que nossa própria liberdade tem em si as sementes de sua própria destruição, o que significa que, à medida que os homens se tornam livres e a vida fica mais fácil, é uma característica humana normal começar a desfrutar a vida e não ficar muito atento, mas, sim, supor que, por serem livres e felizes hoje, sempre será assim. Tal atitude abre um caminho, como a história passada mostrou, para que a ideia oposta entre e acabe com a liberdade.

À medida que a consciência evoluiu, despertou primeiro, como no caso dos antigos hebreus, um desejo por condições sobre as quais nada conheciam. Eles não sabiam o que significava liberdade, justiça ou igualdade, e, no entanto, sua visão os estava levando a isso. Isso sempre foi verdade na história da humanidade. Os ideais sempre foram além de sua vivência, e isso é verdade até hoje.

Duvido que haja alguém lendo este livro que não tenha tido vislumbres de sua identidade espiritual, do que ela poderia ser, se pudesse alcançar o que sente interiormente. Já avançamos o suficiente na consciência para que saibamos que, em nosso estado verdadeiro, somos espirituais, eternos e imortais, mas provavelmente não há um de nós que não esteja "recalcitrando contra os aguilhões"[35] – contra doenças, escassez, injustiça ou alguma forma de escravidão. Sabemos que essas coisas não têm o direito de existir; estamos cientes de que há algo dentro de nós que poderia quebrar essas algemas, mas não é possível saber disso, até que a consciência evolua em alto grau.

À proporção que a consciência evoluiu, alguns alcançaram uma medida de liberdade da escravidão para as coisas deste mundo. O chamado do mundo não é mais tão forte. Além disso, existe uma liberdade alcançada dos desejos dos sentidos e das limitações dos sentidos e uma vontade de ver toda a humanidade libertada.

---

35 Atos 9,5.

O grau de percepção é a medida de realização

Há uma parte do nosso Ser que já é livre e que contém a essência, a atividade e a lei de nossa liberdade suprema. Com essa percepção, que existe há milhares de anos, por que toda a humanidade não é livre? Não é porque recebemos os ideais de liberdade, e de justiça, os ideais do ser espiritual e da identidade divina, mas então algo nos afasta da direção em que eles nos levariam, e começamos a recorrer a medidas externas para nos ajudar a alcançar o que só pode ser obtido dentro de nosso próprio Ser?

A primeira tentação é usar a força humana – mental ou física – e passar a combater o inimigo, enquanto a coisa mais difícil do mundo é estabelecermo-nos com firmeza e percebermos que não precisamos resistir ao mal. A batalha não é nossa, mas de Deus.

Independentemente da verdade de que a consciência tenha revelado e divulgado os ideais da filiação espiritual durante séculos, ainda tentamos demonstrá-la por meios humanos. Ainda buscamos encontrar nossa liberdade e nossa saúde, seja por força física, seja por força mental. E, no entanto, a Consciência Divina, que nos apresenta ideais grandiosos e gloriosos como liberdade espiritual, totalidade, perfeição e harmonia, revela também que essa sabedoria, glória, liberdade, harmonia e saúde autossustentadas não devem ser alcançadas "pela força, nem pelo poder", não pelo poder físico ou pelo poder mental, "mas pelo meu Espírito, diz o Senhor"[36].

---

36 Zacarias 4,6.

Parece que existem ciclos. Às vezes, a liberdade e a justiça estão no topo, e outras, no fundo. Sempre isso será verdade enquanto operarmos a partir do nível do ser humano. A consciência em evolução revela que, quando atingimos a divindade do nosso Ser, não há mais o bem ou o mal. Existe apenas a perfeição de Deus manifestada, e isso não tem qualidades nem quantidades. É infinita, eterna, imortal e espiritual.

A consciência agora evoluiu até um ponto, já demonstrado por vários místicos, no qual nos será possível sermos levados à realização e demonstração de nossa divindade. Não mais seremos apenas bons ou maus homens e mulheres: seremos filhos de Deus, governados por Deus, espiritual e eternamente.

No começo, a Consciência Divina era a sua consciência e a minha, e não tínhamos outra. Éramos tão infinitos, eternos e imortais quanto Deus, pois a Consciência de Deus era a consciência individual, e essas eram uma.

Pelas limitações da mente humana, não há como entender como toda a Consciência de Deus pode ser minha e ainda toda a Consciência de Deus pode ser sua. Isso só pode ser entendido quando Deus pode ser percebido como Espírito. Com Deus como Espírito, é possível entender que Deus não pode ser dividido, separado ou cortado em pedaços, mas que Ele é sempre Um, Infinito, e Deus é a mente de você e de mim. Quando Paulo disse: "Que esta mente esteja em você, que também estava em Cristo Jesus"[37], ele não disse que deveríamos ter um pedaço dessa mente ou um pouco dessa mente. Ele disse: "Deixe essa mente estar em você".

"E agora, ó Pai, glorifica-me contigo, com a glória que eu tinha contigo antes que o mundo existisse"[38]. Deus é Consciência Infinita, a Consciência Divina deste universo, a consciência do homem e do animal, dos mundos vegetal e mineral. Uma vez que Deus é Infinito, Ele pôde desdobrar este mundo, e tudo o que nele existe saiu apenas da consciência que Deus é; e, portanto, existimos individualmente desde o início. Nós nunca nascemos; nunca morreremos, porque Deus nos desenvolveu a partir de Sua Própria Consciência, e aquilo que Deus uniu jamais pode ser separado. "Eu e meu Pai Somos Um"[39], foi feito assim, não por mim, mas por Deus. Deus estabeleceu o relacionamento de que Deus, o Pai, e Deus, o Filho, são Um desde o princípio, e essa unidade permanece para sempre.

---

37 Filipenses 2,5.

38 João 17,5.

39 João 10,30.

6

A luz irrompendo

A consciência original, primal, é pura, infinita, harmoniosa e boa; e essa é a consciência do ser individual. Quando nos separamos ou somos separados dessa Infinita Consciência Divina e passamos a ter uma mente e uma vida própria, separadas de Deus, não estamos mais sob a Lei Divina. A vida então se torna uma questão de acaso, uma estatística: às vezes boa e às vezes má, porém mais frequentemente má do que boa.

A única esperança para uma restauração da harmonia é *retornar à casa do Pai* e novamente unir-se conscientemente a Deus. Felizmente, isso não depende de nós. Não são nossos esforços humanos que nos trazem de volta a Deus. É a Graça Divina irrompendo. Espero que nenhum de nós jamais pense que nos levamos a um ensinamento espiritual ou que sejamos responsáveis por permanecer no caminho espiritual ou por qualquer progresso espiritual em nossa vida. Isso destruiria todas as nossas chances de progresso real.

Se pensarmos nos milhões de pessoas na Terra que, de quase qualquer ponto de vista, são tão bons ou melhores do que somos e que não estão no caminho, mas, certamente, têm o direito de estar no caminho espiritual tanto quanto nós, deve ficar claro que não chegamos tão longe porque o merecemos ou porque escolhemos Deus. Acreditar que nós mesmos escolhemos um caminho espiritual seria o egoísmo em seu estágio final. Não, Deus nos escolheu. O dedo de Deus nos tocou, não porque o merecemos, ou porque sejamos melhores que o resto da humanidade, mas por razões que remontam há muito antes de nossa experiência atual na Terra, razões que têm a ver com a evolução da consciência, que sempre se realiza em seu próprio tempo.

"Não me escolhestes vós a mim, mas eu vos escolhi a vós e vos nomeei... Eu vos escolhi do mundo, por isso é que o mundo vos odeia."[40] À medida que evoluímos de estágio em estágio de consciência, finalmente retornamos para onde estávamos no princípio, com toda a glória que tínhamos com Deus, antes que o sentido humano do mundo fosse. Não são nossos esforços humanos que nos atraem de volta a Deus: é a Substância Primordial, a Consciência, nos atraindo de volta a si mesma.

Esse processo pode ser comparado a um balde de água no qual a sujeira foi lançada. A sujeira não pode se remover, mas, eventualmente, se depositará no fundo e deixará a água tão pura quanto antes de sua adição. Assim, é a consciência que somos e na qual foi jogado o pó do sonho adâmico – o crime, a escravidão, a crença

---

40 João 15,16-19.

em dois poderes – mas a consciência permanece pura e nunca é contaminada.

Começamos como Consciência Pura Infinita e, independentemente de qualquer maldade ou egoísmo de hoje, há uma Força trabalhando em nós e por nosso intermédio, gradualmente dissipando-os. Ao longo dos séculos, acabará por dissolver o mal ou a corrupção enfrentados, até que um dia nos encontraremos mais perto do que estávamos no princípio.

Nós não escolhemos a Deus; nós não escolhemos a vida espiritual; nós não escolhemos estar no caminho espiritual. Um ser humano não é capaz de tal escolha; um ser humano é uma criatura separada e à parte de Deus. Mas, em algum momento de sua evolução, a luz irrompe e o coloca no Caminho. Não podemos reivindicar crédito por isso, porque, como seres humanos, nunca seríamos outros que não seres humanos.

A consciência espiritual está se projetando pela consciência humana, levando-nos adiante, passo a passo. É inevitável que alguns poucos estejam um pouco à frente no caminho. A Graça de Deus tocou esses poucos antes. Ela alcançou a massa da humanidade que ainda não está suficientemente avançada e pode ter que viver outra vida ou até duas, três, cinco ou sete, antes de estar pronta para reconhecer a Graça já estabelecida dentro.

O clamor por liberdade está mais alto agora do que nunca na Terra, e não surpreende que as forças que a impediriam também gritem um pouco mais alto, porque, na cena humana, o bem e o mal estão sempre disputando um com o outro. Mas, como a Consciência está se desenvolvendo em direção à sua realização na Terra, aqueles que ficarem no caminho da liberdade, justiça, igualdade e amor fraterno serão esmagados. Quem luta contra as atividades e qualidades de Deus está batalhando contra a evolução ou o desdobramento da Consciência.

Evidências de um estágio avançado de consciência

Com a chegada da imprensa, o conhecimento começou a substituir a ignorância, a luz a iluminar as trevas e a mente tornou-se uma maior transparência para a Consciência Divina. A grosseria e o embotamento são removidos na proporção em que o conhecimento e a sabedoria entram, e a mente fica imbuída de ideias e ideais sobre os quais nunca havia ouvido falar antes.

Um exemplo disso é que hoje mulheres e homens importantes e bem-sucedidos em seus campos de trabalho estão dedicando seu tempo a acabar com a pena de morte. De imediato, pode-se dizer: "Por que ser tão solícito com assassinos? Que diferença faz o que acontece com eles?" Mas esses indivíduos preocupados não estão só pensando no assassino ou no criminoso, mas também no efeito sobre aqueles que, como jurados ou juízes, têm que condenar seus companheiros à morte, ou outros que devem participar ativamente do processo de execução.

Quando essas mulheres e homens que participam dessa atividade tiverem conseguido, quase terão acabado com as guerras, por esse único ato de revelar à consciência humana o horror de tirar a vida, mesmo legalmente. Não é um passo natural disso para a conclusão de que nós mesmos somos culpados de assassinato legal, quando mandamos nossos filhos para a guerra para matar e serem mortos, sabendo que eles certamente estão saindo sem nenhum propósito nobre? O máximo que se pode dizer é que estamos enviando vidas de jovens de dezoito, dezenove e vinte anos para serem eliminadas, a fim de que as pessoas de quarenta, cinquenta e sessenta anos possam ficar em casa, prosperando em paz. Quão grande é o hipnotismo no mundo, quando os pais acreditam que estão sendo nobres por mandarem seus filhos para a guerra!

Será necessário algum tipo de choque para despertar a humanidade para o que vem fazendo. Mas, com três guerras para pensar sobre isso, ela recebeu esse choque. Teve Nagasaki e Hiroshima, os bombardeios de Berlim, Leipzig, Dresden e Londres, e outros eventos mais recentes; então está refletindo. A mente do homem está ativa, porque teve acesso ao conhecimento que até então lhe fora negado. A luz da verdade espiritual está invadindo a consciência do homem por meio de muitos caminhos diferentes e trazendo consigo um sentido mais elevado de vida que agora vemos sendo manifestado na Terra.

A ideia original de seguridade social era uma daquelas manifestações humanas de uma ideia divina. É verdadeiro o fato de ter sido abusada e usada como uma ferramenta política, mas, como todo o restante, vamos de um extremo ao outro – de não cuidar de quem precisa de cuidados, a zelar demais por aqueles que são abundantemente supridos. Mas esses são problemas temporários, e o ajuste virá. A segurança social retornará novamente à sua ideia original e servirá a um propósito que será uma manifestação externa do homem amar o próximo como a si mesmo. Houve abusos de muitas formas progressivas de legislação social, mas eles serão corrigidos sob uma lei de ajuste que inevitavelmente ocorre com a iluminação do homem.

Essas evidências externas de um novo estado de consciência, mesmo que sejam tão insatisfatórias quanto a Liga das Nações ou tão ineficazes quanto as Nações Unidas, são as manifestações externas da Consciência Divina que estão surgindo. Por fim, o ideal que foi incorporado à Liga das Nações e que está encontrando expressão nas Nações Unidas se desenvolverá para atuar pelo bem universal prático. Quando isso ocorrer, veremos que nada poderia acontecer aqui no mundo, até que algo do Invisível Infinito surgisse para nos dar ideias e ideais mais elevados.

Não nos deixemos enganar pelas aparências, acreditando que qualquer um desses esforços em direção ao bem ou qualquer uma dessas evidências de iluminação superior e suas manifestações externas são acidentais, incidentais ou que são apenas criações do homem. Por trás de cada uma delas, está a consciência espiritual do homem. É por isso que é seguro prever que o dia está a caminho, talvez mais próximo do que pensamos, de uma irmandade universal, desse ideal de paz na Terra e de boa vontade entre as pessoas. Em tudo isso, uma atividade espiritual se manifesta na atividade humana.

Aqueles poucos que recebem essas ideias divinas e que abandonam suas vidas pessoais, a fim de trazer ideias e ideais de bem universal e espiritual, acabarão criando uma nova civilização.

Esse estado avançado de consciência sempre encontra oposição da maioria, porque é da natureza da maioria das pessoas ser restritiva e atrasada. É sempre uma minoria que leva a maioria para fora das desigualdades do passado. É por isso que leva um longo tempo até que haja uma compreensão suficiente da verdade de que somos guardiões de nosso irmão ou que devemos amar nosso próximo como a nós mesmos, à medida que realmente façamos algo a respeito.

No período de vida da maioria de nós, testemunhamos grandes corporações que fornecem hospitais e planos de saúde para empregados, bem como fundos de aposentadoria e pensão. Nada disso existia na minha infância. Todos saíram de uma consciência superior e de uma maior capacidade de sentir as necessidades dos outros. À proporção que o conhecimento e a sabedoria espiritual entram em nossa experiência, começamos a entender o significado de ser o guardião de nosso irmão.

Os inimigos estão dentro de nossa própria casa

Não fiquemos perturbados ou alarmados quando vemos os erros que surgem após esses movimentos de avanço, como se houvesse alguma dúvida sobre o resultado. Pode haver uma questão, pelos eventos terem sido deixados nas mãos do homem, mas eles não estão à nossa mercê: é Deus atuando. Embora sempre haja pessoas para resistir à mudança, no final, a consciência espiritual passará à plenitude da fruição, porque é uma atividade desdobrada do Espírito, que é Deus. Isso se aplica não apenas em escala mundial, mas também em âmbito individual. Somente o que é verdadeiro para o indivíduo pode ser verdadeiro em escala mundial. O fato de sermos estudiosos da verdade há cinco, dez, vinte ou trinta anos e ainda não encontrarmos a utopia não deve nos perturbar.

Quando a primeira luz da verdade invade nossa consciência, ela encontra inimizade dentro de nós. Os inimigos de uma pessoa são os de sua própria casa, os de sua própria consciência, porque, quando o Espírito, ou a Luz da Verdade, invade nossa consciência, deve necessariamente tirar de nós nossas ideias humanas. Muitas delas constituem o que sentimos ser nosso bem, então nos encontramos em rebelião contra a própria vida espiritual que surge. Se soubéssemos conscientemente disso, não haveria batalha, ou seria breve. No entanto, não entendemos o que está acontecendo; não percebemos que estamos em guerra contra os ideais e instintos espirituais mais elevados que estão entrando em nossa consciência e destruindo o "velho homem"[41].

Fomos ensinados que o instinto humano mais elevado é o impulso à autopreservação, mas, ao mesmo tempo, ele é o inimigo mais feroz do nosso desenvolvimento espiritual. Por quê? O que estamos tentando preservar de nossa individualidade, exceto o que acreditamos ser bom para nós mesmos? E como se elevar no progresso espiritual? Não apenas "morrendo" para si mesmo, mas perdendo o senso humano de vida. O instinto humano diz: "Autopreservação"; o desenvolvimento espiritual diz: "Perca a sua vida". Os dois estão sempre em guerra um com o outro.

A ideia de autopreservação é inimiga do progresso espiritual que nos diz: "Dê; compartilhe; doe; sacrifique-se. Se necessário, até perca sua vida por seu amigo. Não há demonstração espiritual superior". Você e eu somos o maior inimigo de nosso próprio progresso espiritual, porque insistimos em nos apegar às velhas ideias de ontem.

Isso não é dito como julgamento de ninguém, crítica ou condenação. Apenas estamos dizendo o que revela, dentro de nós, aquilo que impede e está atrasando nosso próprio desenvolvimento espiritual, a paz e a

---

41 Efésios 4,22.

prosperidade de todo o mundo. O objetivo é nos dizer para não perdermos a paciência conosco mesmos e não esperarmos alcançar a utopia depois de amanhã, porque, em cada um de nós, o senso pessoal do *eu*, sob todas as formas, ainda precisa ser superado.

Consciência se expressando como amor

Ao nos preenchermos com os escritos místicos e espirituais do mundo que lemos, porque a Luz que é Deus já tocou nossa alma e mente, esses escritos inspirados provocam em nós uma reação de "sim, sim, sim, é isto!" Estamos em harmonia com eles. Esta é a nossa garantia de que fomos tocados, de que a Consciência Divina Infinita está irrompendo e, com paciência, ela vencerá os inimigos internos. Romperá o que gostaria de se apegar às ideias e ideais de ontem e a ideia de que a autopreservação é a primeira lei da natureza, enquanto que o sacrifício do interesse pessoal pela fraternidade universal é a primeira lei do desenvolvimento espiritual.

Podemos determinar a medida pela qual a Consciência Divina está se tornando nossa consciência individual pelo grau em que nossos interesses são menos pessoais e menos envolvidos principalmente com nossa família ou amigos, mas começam a incluir o mundo. Sempre é levado à atenção dos alunos do Caminho Infinito que eles devem dedicar parte de seus recursos para atividades comunitárias, nacionais ou internacionais. À medida que a Consciência Divina se manifesta como nossa consciência individual, ela deve se mostrar interessada nas coisas que trazem à luz liberdade, justiça e igualdade para a humanidade e para o mundo inteiro.

Alguns milhares de pessoas podem mudar a história do mundo e transformar a consciência humana em Consciência Divina. A espiritualização da consciência se dará por intermédio da atividade de um remanescente que conhece a verdade, aprende como aplicá-la, vivendo e observando-a trabalhar primeiro em uma escala individual, e depois em nível mais amplo.

Por trás do mundo físico ou visível, Deus, Consciência Divina Infinita, está se expressando como Consciência Individual e trazendo à luz o Amor de Deus e o amor ao próximo. Conforme a consciência individual se torna imbuída do Divino, em última análise, alguém – uns "dez"[42] – pode chegar à plenitude dessa Consciência Divina e elevar o mundo inteiro.

Quando uma pessoa está vivendo uma vida humana cotidiana e, por uma razão ou outra, se volta para a vida espiritual ou para uma busca por Deus, não é ela quem busca a Luz: é a Luz que procura adentrá-la. Na verdade, não está procurando irromper nele, pois a Luz está sempre lá, sempre disponível, mas, de uma maneira ou de outra, ele se preparou para o influxo dessa Luz.

---

42 Gênesis 18,32.

Do mesmo modo, essa Luz do ser espiritual está brotando coletivamente na consciência humana, de modo que, geração após geração, o estado de consciência do homem se torna cada vez mais uma transparência por meio da qual essa Luz possa vir.

7

Alcançando uma medida de consciência espiritual

Estamos no caminho espiritual apenas com um propósito: construir a consciência espiritual. Embora muitos de nós achem que a maioria dos nossos males e discórdias humanas desaparecem e que harmonias maiores são estabelecidas em todos os nossos relacionamentos humanos, essa não é a razão de estar no Caminho: essas são apenas as coisas adicionais que vêm.

Nascemos em um estado humano de consciência; isto é, em uma consciência que aceita dois poderes. Passamos por vidas de desarmonia, discórdia, pecado, doença e, finalmente, morte, e a única maneira de vencermos com sucesso o mundo do erro é com o desenvolvimento da consciência espiritual. Se somos iniciantes ou atingimos o estágio ou a estatura de um professor espiritual desenvolvido, ainda estamos no processo de construção da consciência espiritual e, exceto em raros momentos de iluminação, nunca chegamos a ponto de alcançá-la em sua plenitude.

Há alguns instantes de meditação em que atingimos essa plena e completa realização, mas esse é o último dos nossos trabalhos e chega a poucos, raramente a esses poucos. É então que o casamento místico ou união consciente com Deus é alcançado. Provavelmente, no que é chamado de Ascensão, pode ser possível atingir e manter a plenitude da consciência espiritual. Mas, certamente, durante a nossa experiência na Terra, e a de todo fundador místico e religioso conhecido, a completa união com a Fonte raramente é conquistada. Portanto, pode-se dizer sinceramente de todos nós, estudantes e professores, que estamos continuamente construindo a consciência espiritual.

Na realidade, existe apenas uma consciência, mas nutrimos um senso material dela. E o que é que constitui um senso material de consciência? É esse estado de pensamento que depende do mundo exterior para o seu bem. Depende de pessoas para companhia, contas bancárias, posições ou heranças para suprimento. Sempre depende de algo ou alguém no mundo.

A consciência material vive sob a lei da infecção, contágio, doença hereditária, valores alimentares, clima, economia e governo. Ela acredita que uma mudança de governo pode provocar uma alteração nas condições econômicas, para cima ou para baixo. Sempre as pessoas no estado material de consciência estão sob a lei, a lei do bem e do mal.

A consciência espiritual não está sujeita às leis ou condições deste mundo

Antes que seja possível desenvolver a consciência espiritual, precisamos entender sua natureza. A consciência espiritual é a consciência que não odeia ou teme o erro ou o mal de qualquer forma. Podemos medir nosso progresso pelo grau de nossa percepção de que Deus, no meio de nós, é o único poder. Quando podemos olhar para as más condições do mundo, seja na forma de um germe, uma bala ou uma bomba, com um "Graças a Deus, não posso temer isso; não posso odiá-lo: só posso dizer: 'Pai, perdoa-o'", estamos atingindo a consciência espiritual.

Isso vem aos poucos. A consciência espiritual está se desenvolvendo progressivamente, aprofundando e enriquecendo, conforme podemos perceber que não temos que temer o erro, combatê-lo ou destruí-lo. Aprendemos que Deus é Espírito, que o poder de Deus é poder espiritual, e este é o poder total, o único poder.

A consciência espiritual abre um novo reino da vida aqui na Terra. Não há necessidade de esperar até que uma pessoa envelheça e passe a experimentá-la: a realização espiritual pode acontecer a uma criança. Quando isso ocorre, seja a uma criança ou a alguém que já tenha passado muitos anos, representa maturidade espiritual que não está sujeita às coisas, pensamentos ou poderes materiais.

Os de consciência espiritual podem andar pelo mundo e não serem tocados por ele. Podem caminhar no meio da guerra e não se machucarem; eles podem estar no centro de infecção, contágio e epidemias e nunca serem tocados; eles podem passar por pânico e depressão e não serem afetados por eles. O motivo? A consciência espiritual não está sujeita a leis ou poderes materiais ou mentais, porque eles não são poder.

Quando atingimos a consciência espiritual, estamos livres das discórdias e desarmonias do mundo. Nos breves momentos em que a atingimos plenamente, não há vestígios de sentido mortal. Até o próprio corpo aparece mais como luz do que como matéria, como incorpóreo e não como corpóreo.

A consciência espiritual não está sob a lei: está sob a graça. Ela vive, se move e tem seu ser pela graça. É intocada pelas crenças deste mundo. Aqueles que alcançaram uma medida dela vivem mais pela graça e por toda palavra que sai da boca de Deus do que pelo pão. A plenitude da consciência espiritual foi expressa pelo Mestre: "Eu venci o mundo"[43], "Meu Reino não é deste mundo"[44], "Minha paz vos dou: não como o mundo a dá"[45].

No Sermão da Montanha, o Mestre ordenou àqueles a quem estava falando que não resistissem ao mal. Ele deve ter dito isso a discípulos, apóstolos ou estudantes avançados, porque mesmo um professor espiritual não podia sair pela rua e, com razão, dizer a alguém: "Não resista ao mal"[46], pois a pessoa responderia imediatamente: "Oh! devo deixar um ladrão me roubar?" ou "devemos deixar alguma outra nação lançar bombas sobre nós?"

---

43 João 16,33.

44 João 18,36.

45 João 14,27.

46 Mateus 5,39.

"Não resista ao mal" pode ser dito apenas àqueles com alguma medida de consciência espiritual, àqueles que já perceberam que o mal de qualquer natureza não poderia ter poder sobre eles, uma vez que são conscientemente governados por Deus. Deus é Espírito, seu poder é espiritual e, além do seu poder, não há outro. Uma pessoa ancorada nessa verdade pode olhar para os germes, as balas e as bombas, e não resistir ou lutar contra eles, não tentar vencê-los ou acabar com eles, mas perceber: "Pai, perdoe-os, eles acham que têm poder".

Podemos, diante das condições do mundo de hoje, dizer a nós mesmos: "Não preciso temer. Essas coisas têm apenas poder temporal, e o que isso pode fazer comigo, revestido como eu estou da consciência espiritual, permanecendo na Palavra da Verdade, vivendo e tendo meu Ser em Deus? Que poder teria o poder temporal?"

Deixe-me trazê-lo um pouco mais para casa. Suponha que sua comunidade seja avisada de uma epidemia iminente. Se você discutir isso com seu professor espiritual, a resposta deve ser: "Não temas; é apenas poder temporal. Não temas; Deus é Espírito, e o Espírito é o único poder, a única substância, a única atividade, a única lei. Os germes não têm poder; uma epidemia não tem poder".

Deus é Espírito, e todo poder que existe deve ser espiritual. Isso não deixa espaço para outros poderes: não resta energia para os germes, para as balas, nem para as bombas. Por quê? Porque o poder infinito é o espiritual.

Talvez você tenha passado por alguma epidemia, e meios metafísicos ou espirituais provaram que ela não era um poder. Provou-se que os germes não eram nada, e/ou a discórdia não chegou perto da sua morada, ou, se tocou em você, foi rapidamente enfrentada, não pela força ou pelo poder, mas por conhecer a verdade que Deus é Espírito.

Esse estado de consciência é o que muitos de nós já alcançamos em certa medida, mas nunca ficaremos satisfeitos até atingirmos a plenitude e a maturidade da consciência espiritual. Pensando momentaneamente nos dias que antecederam nosso estudo e prática dos ensinamentos espirituais, podemos ser gratos pelo grau de progresso já conquistado.

Uma marca da consciência espiritual é o grau em que aprendemos o não poder de tudo o que existe como efeito, seja "o homem cuja respiração está nas narinas"[47], suas teorias de contaminação ou seu estoque de bombas. A extensão em que não temos mais medo disso atesta a medida de nossa consciência espiritual.

Consciência espiritual reconhece a consciência como suprimento

Outra maneira pela qual a consciência espiritual pode ser medida abrange o assunto do suprimento,

---

47 Isaías 2,22.

mas o suprimento em larga escala. A oferta de dinheiro é, obviamente, uma faceta disso, mas apenas uma. Existem formas de suprimento muito mais importantes para nós do que dinheiro, embora muitos não acreditem nisso. Veremos, à medida que a vida se desenrola, que esse assunto nos toca a cada passo do nosso caminho e em todos os dias da nossa vida.

Vivendo em um estado material de consciência, a vida é preocupar-se em obter, alcançar, conquistar, tudo com base no fato de que aqui é um mundo de suprimentos. Como vamos atrair isso para nós? Toda a vida humana é dedicada a atrair para si mesma algo de fora, do mundo: atrair para si mesma conhecimento, força, mais anos de vida, mais saúde, dinheiro, mais oportunidades ou mais propriedades. Toda a vida humana é dedicada à aquisição.

A verdade é que incorporamos em nós mesmos suprimentos infinitos, e nada mais pode ser adicionado a nós. Qualquer falta em nossas vidas se deve à nossa inconsciência da verdade de que nossa consciência é infinita. Escassez não tem nada a ver com nada daqui. Nós somos consciência infinita, e o que não podemos encontrar em nossa consciência, não vamos descobrir no mundo. A consciência é a fonte a partir da qual temos que começar; e o que quer que evolua, vem dela. "A Terra é do Senhor e toda a sua plenitude"[48]. "Filho, tu estás sempre comigo, e tudo o que tenho é teu"[49].

---

48 Salmo 24,1.

49 Lucas 15,31.

Tudo o que Deus tem é nosso; possuímos tudo o que existe: temos o Infinito.

Em um estado material de consciência, é provável que digamos: "Não, isso não pode ser verdade. Muitas pessoas têm mais do que eu". Mas isso só é verdade quando medido a partir de uma base materialista que dividiria a oferta existente.

No Espírito, não há divisão. No reino espiritual, há apenas um número. Esse é o número um, e incorporo dentro de mim a plenitude desse número. Tudo o que o Pai tem é meu, por causa da minha unidade com Deus.

A consciência material vê três bilhões e meio de pessoas no mundo, e apenas tantos dólares, tanto ouro, tanta prata, tantas árvores, tantas colheitas, e todas elas devem ser divididas. A consciência espiritual revela que, se tivermos apenas alguns pães e peixes, poderemos alimentar as multidões. Não existe divisão: existe apenas multiplicação, "um" multiplicando-se repetidamente.

Quando Elias se aproximou da pobre viúva que tinha apenas um punhado de farinha e algumas gotas de óleo, ele não perdeu tempo orando a Deus para lhe dar mais. Ele conhecia a lei espiritual do suprimento e primeiro pediu que ela lhe fizesse um pedaço de pão[50]. Era como se ele tivesse dito a ela: "O que você tem em sua casa?", porque espiritualmente, esse é o segredo do suprimento.

---

50 IReis 17,10-16.

O que você tem em sua consciência? Não olhe para o mundo e veja o que desejar e pedir; não forme uma ideia do que gostaria e depois ore a Deus por isso. Pergunte a si mesmo: "O que tenho em minha consciência?" O único suprimento que você terá é o que começa a servir. O pão que você joga na água é o que voltará como seu suprimento. Se você tocar no pão de outra pessoa que foi colocado nessa água, seus dedos serão queimados.

Você tem direito apenas ao que dá, assim como não tem mais direito à vida do que aquilo que dá a ela. Qualquer pessoa no caminho espiritual que acredita que pode tirar mais da vida do que está colocando nela não está contando com o dia do acerto de contas. Aqueles que têm mais, deles mais será exigido.

Comece a evoluir espiritualmente retirando seu olhar das coisas do mundo, seus desejos e vontades, e viva espiritualmente, viva do ponto de vista do que pode dar ou adicionar ao mundo, para que, se algum dia um monumento for construído sobre seu corpo ou suas cinzas, não dirá o que você tanto alcançou no mundo, mas, sim, quanto forneceu a ele. Vamos edificar esse tipo de epitáfio.

"O que eu tenho em casa agora?" Em um universo espiritual, estamos pensando em termos de dons espirituais. Um dos maiores presentes que temos é a oração. Portanto, se não temos mais nada em nossa consciência além desse dom, podemos começar a presentear na forma de oração: oração por nossos inimigos, pelo mundo e por nosso próximo.

Não há ninguém que não tenha algum traço de amor nele, embora existam muitas pessoas que não dão nenhuma evidência desse sentimento. Mas todo mundo tem amor no centro do seu ser: amor que pode ser expresso em serviço, amor que pode ser expresso em gratidão, cooperação, compreensão e perdão. Todo mundo tem algum dinheiro ou roupa, algo que pode ser doado ou contribuído para aqueles que parecem não reconhecer a natureza infinita do armazém ao qual podem recorrer.

Atrair do armazém espiritual

Conhecendo a verdade do Armazém Infinito interior, podemos extrair da consciência não apenas tudo o que é necessário para o nosso desenvolvimento particular, mas doze cestos sobrando para compartilhar. Qualquer demonstração que supra apenas nossas necessidades não tem natureza espiritual. O Espírito não opera dessa maneira.

Podemos, por exemplo, reservar o primeiro dólar da receita da semana e fazer uma contribuição impessoal para as atividades da comunidade. Podemos decidir que, como isso não é nosso, mas é do Armazém Infinito, aumentaremos esse dólar de saída, por causa do aumento de entrada que deve inevitavelmente se seguir. Porém, espiritualmente, o ganho não pode ocorrer até que a saída ocorra. Esse é o inverso do conceito materialista de que, se o dinheiro chegar, só então o soltaremos. No universo espiritual, nós o soltamos para que ele entre.

Isso se aplica a todas as facetas da vida. Existem muitos pedidos de ajuda vindos de pessoas que gostariam de companhia. Minha resposta é: "Não acredito que você queira companhia. Acho que está procurando um companheiro e não estou nesse ramo, então não posso ajudá-lo. Querer um companheiro é bem diferente de querer companhia. Qualquer pessoa no mundo pode ter companhia, porque Deus plantou essa qualidade em todas as pessoas, e tudo o que alguém precisa fazer é compartilhá-la".

Companheirismo não é algo que obtemos de outro; companheirismo é algo que damos a outro. Portanto, ter companhia significa, antes de tudo, doar, de uma forma ou de outra. Seja para seres humanos, animais ou para as árvores no parque ou as roseiras, devemos derramar companhia ao mundo, mesmo que não seja nada além de gostar de observar o Sol, a Lua e as estrelas. Então, a companhia flui de volta para nós, mas será aquela que lançamos sobre as águas.

Quantos de nós, há muitos e muitos anos, acreditamos que outros estavam nos mantendo em condenação, falta de perdão ou queixas contra nós, sem percebermos que nós é que estávamos fazendo isso, e não eles? Ninguém pode nos perdoar enquanto carregamos a falta de perdão dentro de nós. O suprimento de perdão pelo qual estamos orando eternamente, estamos escondendo de nós, até percebermos: "Eu realmente não me importo se você me perdoa ou não. Essa é a sua demonstração. Tudo o que me importa é que eu o perdoe. Perdoo livremente todos aqueles que me ofenderam; perdoo livremente todos aqueles que me usaram com maldade; perdoo livremente todos aqueles que me criticaram, julgaram ou me condenaram. Faço isso livremente, porque não consigo viver sem esse eterno senso de perdão. Se há quem não queira me ver sob essa luz, é a demonstração deles, não a minha. Minha demonstração é perdão".

O assunto do suprimento desempenha um papel importante em nossas vidas. Até começarmos a viver como se fôssemos um com o Pai e como se tudo o que Ele tivesse fosse nosso, compartilhando nossos recursos, perdão, cooperação, compreensão, paciência, seja o que for, a consciência espiritual ainda não nos tocou.

Tornando-se ciente da presença que habita em nós

O estudo da verdade é a menor parte da demonstração de nossa vida. Muitos estudantes pesquisam demais. É preciso uma declaração muito pequena da verdade para despertar nossa consciência em ação, e então é essa ação que gera o desenvolvimento de nossa consciência espiritual. Não é o que lemos que o faz: é o que fazemos com o que lemos que o faz.

A Palavra de Deus, a verdade em nossa consciência, é o que vivemos e, portanto, devemos praticá-la a cada poucos minutos, a cada meia hora ou a cada hora, fazendo uma pausa para lembrar de alguma afirmação da verdade. Alguma Palavra de Deus deve ser mantida em nossa consciência ao longo de nossos dias e noites e, eventualmente, seremos alimentados mais por essas mesmas passagens da verdade do que pela comida que ingerimos. Podemos chamar isso de praticar a Presença de Deus.

Ponderar a Palavra de Deus e mantê-la em nossa consciência é meditação contemplativa. Leva apenas alguns meses desse tipo de vida até que uma nova experiência chegue até nós. Então, em algum momento de necessidade, quando não estamos pensando a verdade, uma palavra da verdade entrará em nossa consciência a partir do invisível, algo que nós mesmos não pensamos conscientemente.

Neste ponto de nosso desenvolvimento, quando podemos abrir nossos ouvidos e receber transmissões de dentro, estamos vivendo pela Graça, sem pensar em nossa vida, sabendo que há uma Presença e um Poder invisíveis que trazem harmonia à nossa experiência, sem esforço consciente.

Existe um Espírito que habita em nós. É invisível, não podemos vê-lo com nossos olhos. É incorpóreo. Não podemos senti-lo, mas podemos experimentá-lo; podemos saber que está lá por seus frutos, porque, com a percepção e realização de sua Presença, perdemos todo o medo instantaneamente. Não podemos mais ter medo da vida ou de nenhuma das experiências da vida, nem da morte. Nem a vida e nem a morte podem nos separar da vida de Deus, nem da vontade de Deus. Qualquer que seja a vontade dele para nós, na Terra ou no próximo plano, essa vontade de Deus será feita, porque Ele plantou seu Filho em nós, para garantir que isso aconteça.

Se isso fosse verdade apenas para um indivíduo e não fosse possível para todos nós, não haveria um Deus Verdadeiro. Mas Deus existe, e o Mestre revelou isso em sua declaração: "Não chameis a ninguém vosso pai sobre a Terra: porque um só é vosso pai, que está no Céu"[51]. Este Pai é seu e meu, de acordo com nossa capacidade de abrirmos nossa consciência a Ele, nos rendermos a Ele, estarmos dispostos a viver "não pela força, nem pelo poder"[52], guardando a espada, parando de ficarmos zangados, ressentidos, odiosos ou com medo – não que possamos fazer isso humanamente, mas a Graça de Deus torna natural que tudo isso desapareça de nossa consciência.

Abra-se à verdade de que o Espírito de Deus habita em você; e, acima de tudo, pare com essa bobagem teológica de acreditar que Ele o deserta no seu momento de pecado. O céu o proíbe! É então que você mais precisa de Deus, e não acreditar que o Pai possa abandonar os seus. Nunca!

Em qualquer momento em que você abrir sua consciência para perceber que existe um Filho de Deus, o Fi-

---

51 Mateus 23,9.

52 Zacarias 4,6.

lho de Deus aparecerá para você, não necessariamente na forma, mas na consciência, e você ouvirá as palavras do Mestre: "Nem Eu te condeno"[53], "teus pecados são perdoados"[54]. Ou sentirá que foi perdoado: você está livre. Essa é uma evidência da evolução da consciência espiritual.

A consciência espiritual é uma percepção de que, dentro de você, está a substância de tudo o que deve aparecer em seu mundo; ao passo que a consciência material é uma crença que você adquire, realiza e alcança de fora. A consciência espiritual é a certeza de que tudo o que precisa flui para você de dentro do seu próprio ser.

Você chega a um nível da consciência em que fica claro que não depende de nada aqui fora, mas que, para o seu bem, deve recorrer ao Infinito Invisível. Em algum momento específico, dentro de si mesmo, você diz: "Sim, a partir de agora, minha dependência estará no Infinito Invisível, no reino de Deus dentro de mim. Vou buscar fora cada vez menos". Assim, sua fé, esperança e dependência do mundo exterior mudam gradualmente para o reino interior, e o estado material da consciência cede a essa consciência espiritual que é "a glória... que eu tinha contigo antes que o mundo existisse"[55].

---

53 João 8,11.

54 Mateus 9,5.

55 João 17,5.

8

A vida invisível cumpre-se de forma tangível e visível

Todo mundo tem a potencialidade de alcançar a iluminação espiritual. A partir do momento em que abrimos nosso primeiro livro da verdade ou mantemos nosso primeiro contato com uma pessoa iluminada, nossa própria iluminação começou, e a iluminação espiritual nos chegará proporcionalmente à nossa busca.

Quando a luz surge em nossa consciência, contemplamos Deus como Infinito e percebemos que não pode haver Deus e mais alguma coisa. Caso contrário, Ele seria muito menos que infinito. Deus deve existir como a Substância de tudo o que é, de tudo o que existe. Ele constitui tudo o que é, por isso não buscamos mais a Deus por nossa saúde, porque não há Deus *e* saúde. As escrituras dizem que Deus é "a saúde do meu semblante"[56]. Não podemos obter saúde, mas podemos obter Deus, e quando temos Deus, temos saúde.

Não sei de que maneira, pela prática do Caminho Infinito, possamos demonstrar suprimento, companhia

---

56 Salmo 42,11.

ou lar. De fato, acredito sinceramente que todas essas tentativas provariam ser uma barreira à demonstração de nossa harmonia. Fora de Deus, não consigo achar desejável abundância, companhia ou lar. De fato, não sou capaz de descobrir a própria vida desejável fora Dele. Viver na maior harmonia, saúde ou abundância sem Deus me pareceria viver uma vida muito árida. Deus é o Ser Infinito, e como não pode haver nada mais ou nada além do Infinito, não pode haver suprimento, lar ou companhia duradouros fora do Infinito. Existe apenas o Infinito; e o que quer que seja, é abraçado no Infinito do Espírito.

Como podemos pensar no Espírito ou em Deus como a substância de tudo o que é, e depois ir a Deus para obter alguma coisa material? Deus é Infinito, então o que há para obter? Não há nada fora dos limites do Espírito. Como podemos ir ao Espírito para conseguir algo que não existe? A própria ideia de ir a Deus não é a barreira para sua realização?

Pode ser que, por alguma razão, estejamos passando por um período estéril em nossa vida. Isso não significa que o suprimento esteja ausente e que, se pudéssemos alcançar a Deus, Ele faria com que aparecesse. Deus é Onipresença, e nosso reconhecimento da Onipresença de Deus, no devido tempo, mostrará a evidência do que chamamos de suprimento. Pensamos na Onipresença, entretanto, e depois pensamos em termos da Onipresença de alguma forma de Bem. Mas Onipresença significa a Onipresença do Espírito, a Onipresença da Fonte, da Lei e da Vida, e não a onipresença de qualquer forma.

Seria um erro dizer que Onipresença significa a presença constante de rosas, porque nem sempre essas flores estão em evidência. É verdade que elas estão sempre aqui em sua essência espiritual, mas não na forma manifestada. O reconhecimento da Onipresença do Espírito trará à rosa a manifestação em seu devido tempo, ou a fruta, o dinheiro, o transporte, a companhia ou a habitação. Mas a Onipresença deve ser pensada como a Onipresença do Espírito, Causa, Substância e Atividade. O único pensamento que devemos ter é reconhecer a Onipresença do Espírito e, em seguida, deixar que essa percepção se manifeste como o que comemos, bebemos ou como o que vestimos – não no que chamamos de nosso tempo, mas no devido tempo do Espírito.

Em nossa experiência humana, parece que às vezes precisamos esperar que essas coisas apareçam, apesar de agora serem onipresentes na consciência. É muito parecido com a cura. Na verdade, toda cura é instantânea: não existe cura tardia ou gradual, mas a manifestação externa nem sempre aparece no mesmo segundo que a cura. Se recebermos agora uma comunicação que traz cura, podemos não estar conscientes dela até amanhã ou na próxima semana.

Pode haver uma reivindicação de falta ou limitação de alguma maneira. Pedimos e recebemos ajuda. Pode levar uma semana; no entanto, antes que algo chegue até nós, como o número necessário de notas de dólar ou qualquer forma que o cumprimento deva assumir. Mas, porque levou um dia, uma semana ou um mês para ver a imagem externa completa, não significa que a cura não foi instantânea. A evidência visível é o efeito da cura, não a cura: a cura é invisível, mas a evidência visível é o efeito externalizado ou manifestado.

O Caminho Infinito reconhece a busca e a realização de Deus como seu único objetivo, descobrindo assim o maior mistério de todos: como Deus é alcançado, então saúde, harmonia, totalidade, integridade, companheirismo, lar, abundância e os doze restos de cestos também são atingidos. O único desejo correto é pela percepção e realização do Espírito. A única demonstração possível no Caminho Infinito é a demonstração da Presença de Deus, e uma vez revelado isso, o Bem se desdobra em forma e variedade infinitas. Buscá-las, no entanto, funcionará como uma barreira para a demonstração.

Substitua o conceito de um Deus que dá e retém por um deus que é

Há alguns anos, uma mulher veio ao meu escritório, reclamando que nada parecia acontecer em sua vida. Aqui estava ela com um novo ensinamento, e isso não estava fazendo mais por ela do que sua antiga religião. Não importava o que fizesse, não importava o que o praticante fizesse, nada parecia dar certo para ela. Um dia, no meu escritório, eu lhe perguntei:

"Diga-me, o que você acha de Deus? Quero dizer, você tem o mesmo Deus agora que tinha em sua Igreja? Você ora a Deus da mesma maneira que orou antes?"

"Oh!", disse ela, "não rezo da mesma maneira, porque agora eu afirmo e nego, enquanto antes costumava perguntar".

"Sim, eu sei, mas você está afirmando e negando ao mesmo Deus? É para um Deus que você espera que lhe dê algo?"

"Sim! Deus não muda. É o mesmo Deus; existe apenas um Deus".

"Bem, eu receio que é aí que você se enroscou. Existe apenas um Deus, mas você não o conheceu e, até desistir do conceito de Deus que possui, terá a mesma reação a partir dele, implorando, implorando, afirmando ou negando, e será o mesmo se você desistir de afirmar e negar. O resultado será nada, porque está adorando um Deus que não existe".

Temos que mudar nosso conceito de Deus até alcançarmos a realização de um Deus que é, um Deus que existe, um Deus que está sendo eternamente Deus, sem nenhuma solicitação ou pedido nosso, sem afirmação ou negação, um Deus que é Infinito no Ser, Onipresente no Ser, Onipotente no Ser, Onisciente no Ser.

Devemos chegar a um conceito totalmente novo de Deus e fazer a transição, saindo de quaisquer definições anteriores que defendemos. Deus não será diferente daqui a um século do que Aquele que era há um século. Deus não era diferente nas margens da Galileia há dois mil anos do que Deus é hoje. Se não estamos manifestando em nossa experiência o mesmo grau de Deus que poderíamos ter manifestado há dois mil anos, se estivéssemos sentados com o Mestre, não é por falta de Deus, mas por causa de nosso conceito errôneo do que Deus é, onde Deus está e quando Deus está. Tudo tem a ver conosco!

Até que ponto alcançamos a realização da onipresença de Deus e de deixar Deus, a Consciência Divina, viver nossa vida? Até que ponto ainda estamos tentando moldar Deus à nossa imagem e semelhança? Nossos conceitos devem ser alterados para dar lugar ao reconhecimento da Onipresença, Onipresença bem aqui onde estamos; Onisciência, Todo o Conhecimento; Onipotência, Todo o Poder. Então, podemos relaxar e *ser*. Tudo o que há a fazer é *ser* e despertar pela manhã na percepção:

Estou vivendo aqui e agora, e o Espírito de Deus que habita em mim vai adiante de mim para aperfeiçoar este dia. Ele realiza tudo o que me foi dado. Ele aperfeiçoa o que me preocupa. Minha única função é ser e testemunhar.

Enquanto paramos e prestamos testemunho, nosso bem se desdobra de uma Fonte Invisível, por meio de um Poder Invisível que opera no universo visível. É Deus quem traz o Sol; é Deus quem desperta os botões e os floresce; é Deus quem está trabalhando invisivelmente para colocar frutos na árvore. Esse mesmo Deus está invisivelmente trabalhando em nós, para produzir os frutos de Deus como nossa vida individual.

Você e eu não devemos ser apenas mães ou pais, empresários, ministros ou profissionais. Cada um de nós deve mostrar a Glória de Deus de maneira individual. Quem somos nós para ditar a Deus o que gostaríamos de ser, fazer ou onde gostaríamos de fazê-lo? Não vemos as estações mudarem, a chegada e a partida do dia e da noite, inverno e verão? Como podemos negar que há Presença, Vida e Poder Invisíveis agindo de modo inteligente como o universo visível? Como é possível não aceitar um Deus Invisível e Onisciente, capaz de operar invisivelmente em nós e por nosso intermédio para produzir frutos, harmonia e paz?

Tendo esse conceito mais elevado de Deus como Espírito Onisciente, Amoroso, Presença e Poder, por que não podemos descansar, relaxar, viver nossa vida e apenas *ser*, sabendo que o que for necessário a cada hora surgirá em sua devida estação? Mas, apesar de conhecermos essas verdades, esquecemos de trazê-las à lembrança consciente todos os dias. Uma das barreiras ao nosso progresso é que deixamos a verdade adormecida no fundo de nossa mente, em vez de orarmos sem cessar.

A consciência determina nossa experiência de vida

Nada pode entrar em nossa experiência, exceto por nossa consciência; portanto, o que nossa vida será depende do que mantivermos na consciência. Se considerarmos a ideia de Deus como Inteligência Onipresente, Amor e Poder, o bem será a nossa experiência.

Nossa responsabilidade é nos aquietarmos e deixarmos a Onipresença fluir. Não precisamos nos preocupar ou planejar nada; apenas vivemos o que flui, o que será toda a qualidade de Deus. Por quê? Porque é isso que estamos mantendo na consciência: Deus. Não precisamos pensar em generosidade, perdão ou abundância. Temos apenas que permanecer na Onipresença, Onisciência e Onipotência, e, quando fazemos isso, perdemos toda a capacidade para qualquer coisa exceto Deus, e Deus flui por intermédio delas. Nós nos encontramos sendo amorosos, generosos, gentis e puros, mas não precisamos nos preocupar com isso.

O que há em uma consciência que não está imbuída de Onipresença? O que resta quando Deus é tirado da nossa consciência? Medo, ignorância, superstição, desejo, ansiedade, preocupação, conseguir; me dê, me ajude, eu, eu, meu! Quando Deus está ausente da consciência, estamos vivendo uma vida com todos os acontecimentos acidentais que compõem a experiência humana. Somente quando a consciência está cheia da presença de Deus é verdade que nada pode entrar "que contamine ... ou cometa uma mentira"[57].

Manter bons pensamentos não será uma proteção para nós. A única proteção é manter o pensamento em

---

57 Apocalipse 21,27.

Deus. Não adianta pensar em segurança, proteção ou abundância. Tais pensamentos nunca os trarão para nós. Uma consciência imbuída de Deus é uma consciência repleta de amor, vida, perdão, partilha, paz na Terra.

Não podemos ter uma consciência cheia de Deus e deixar de entender que toda a humanidade é realmente Deus em manifestação. A humanidade como um todo não está demonstrando isso porque ignora sua verdadeira identidade, exatamente como éramos antes de sermos despertados. Se a nossa consciência está repleta de Deus, ninguém precisa nos dizer como agir, porque não há como agir: existe apenas um caminho para Deus agir em nós e por meio de nós.

A consciência externaliza-se como forma

Assim que uma pequena medida de iluminação espiritual é alcançada e a Consciência que é Deus se realiza como nossa consciência individual, ela se torna a substância de toda forma e a harmonia da vida. A consciência aparece externamente como forma.

Uma vez, um amigo praticante que precisava fazer uma viagem à Europa deixou toda a sua prática sob meus cuidados. Quando ele retornou, disse que seus pacientes estavam tão satisfeitos com o meu trabalho que ele sentiu que deveria ir para outra parte da cidade e montar uma prática totalmente nova. Expliquei a ele que não poderia fazer isso, mesmo que quisesse. Esses pacientes eram sua própria consciência aparecendo como forma, e ele não podia mais renunciar a eles do que renunciar à sua própria consciência. Ele não conseguiu transferir sua consciência para mim nem seus pacientes. Durante uma ausência temporária, ele poderia me pedir que cuidasse deles, mas isso é bem diferente de desistir deles.

Uma vez que isso é percebido, somos sempre elevados acima de qualquer senso de competição em qualquer nível, seja nos negócios, na arte, na ciência ou no ministério de cura ou ensino espiritual. Por quê? Porque não temos clientes; nós não temos pacientes; não temos alunos: temos nossa consciência, e ela se externaliza como qualquer forma que seja necessária para nós. Ninguém pode tirar o que é nosso de nós.

Quando entendermos que não existe Deus "*e*" saberemos que não há consciência "*e*". Portanto, não há nossa consciência "*e*" nossos negócios. Nosso negócio é nossa consciência de uma forma específica. Quando percebemos que os clientes que construímos com integridade em nossos negócios representam nossa consciência em forma, ninguém pode tirá-los de nós, a menos que percamos nossa integridade. O pão que lançamos sobre as águas é nosso e não pode cair nas mãos de ninguém. Ele deve voltar para nós, porque realmente não há ir nem vir. Não há separação entre nossa consciência, o pão e a água: tudo está aparecendo.

Ao percebermos isso, nunca procuraremos pão, vinho, água, vida eterna, companhia, clientes, pacientes ou estudantes, mas perceberemos que nossa consciência aparece como tudo isso. Então, veremos que nenhum sentimento de separação pode entrar.

A única razão pela qual você e eu não experimentamos tudo o que o Pai tem é que existe um sentimento de separação que vem do conceito materialista de que existe um Deus em algum lugar: Deus e um homem, um Deus que é puro e um homem que é um pecador. Como vamos reuni-los? Suponho que a primeira coisa a fazer é convencer o pecador a ser bom. Mas o que constitui ser bom? Se somos hebreus, iremos ao templo no sábado; se somos cristãos, iremos à igreja no domingo. Qual destes é o bom: sábado ou domingo? Como vamos nos adaptar a algum tipo de bem para merecer a Deus? A resposta é que não há como se tornar bom o suficiente para merecer a Deus.

Existe uma maneira de perceber Deus como nosso Ser e descobrir que, porque Deus é puro, nosso Ser é puro, e então todas as impurezas são lavadas. O que quer que seja de natureza negativa em nossa experiência desaparece. Isso não acontece porque somos bons, mas porque Deus é Bom, Infinito e Onipresente; e não resta espaço para nada além do Bem.

Deus é Consciência Infinita e, portanto, nossa consciência aparece como forma infinitamente: nosso negócio é infinito, nossa profissão é infinita e, se estamos no trabalho de cura, nossa prática é infinita. Se somos professores espirituais, nosso corpo discente é infinito. Não há nenhuma limitação, a menos que nós mesmos aceitemos a limitação.

Quando a consciência nos oferece algo a fazer, nos dá esse trabalho não para que nós o cumpramos, mas para ela o cumprir. Não nos permite fazer um sacrifício de nossa parte ou facilitar as coisas para outra pessoa à nossa custa. Sempre a razão é o cumprimento, e o que fazemos como instrumento dessa Consciência Divina nos realiza automaticamente. Todo mundo que está atuando no nível espiritual da vida está cumprindo um desejo interior, alguma missão que lhe foi dada, e sua vida é realizada, mesmo que, para o mundo, pareça ser um sacrifício.

Aqueles que estão no Caminho Espiritual não estão nele por glória ou lucro: eles estão nele, porque há um desejo do Deus Interior, um impulso que não lhes dará descanso. No trabalho espiritual, eu nunca conheci uma pessoa que tivesse a sensação de que estava sacrificando alguma coisa. Em vez disso, ela tem a sensação de estar sendo realizada, e o benefício para o mundo é incidental, pois ela está fazendo o trabalho para a realização de sua própria alma e vida interior.

Quando uma pessoa faz isso, ela não está se sacrificando. Não faz diferença, então, se está trabalhando vinte horas por dia e doando cada dólar que ganha. Ainda não é sacrifício, porque é feito apenas como cumprimento, ou, pode-se dizer, sob ordens. A forma mais elevada de demonstração é esquecer o mundo e pensar apenas em atingir a consciência mais elevada. Então, deixemos que tudo o mais se siga. Ninguém pense que tem algo para dar ao mundo espiritualmente, até que tenha atingido a percepção e realização consciente de Deus. Quando se tem isso, recebe-se uma missão específica para realizar.

Saindo da teimosia para a confiança no invisível

Viver a vida mística é reconhecer que tudo no reino visível surge do invisível. Isso realmente significa admitir o invisível em nossa experiência consciente, compreender que ele pode trabalhar por meio de nós e tornar visível o chamado universo intangível. Isso não é em virtude de nós mesmos, mas em virtude do Espírito que flui em nós e por nós, e é evidente para aqueles com quem entramos em contato. Mesmo além disso, a influência de nossa consciência alcança o mundo todo. Se houver alguém, qualquer condição ou circunstância a milhares de quilômetros de distância do qual não temos conhecimento, no devido tempo, à medida que abrimos nossa consciência e realizamos nossos negócios, o que é nosso chega até nós; e não importa a que distância ele esteja.

"Minhas ovelhas ouvem a minha voz."[58] Todo mundo que foi imbuído do Espírito atraiu para si mesmo tudo o que é necessário para sua experiência. Ninguém pode fazê-lo. Mas o Espírito, uma vez que lhe é permitido entrar em nossa consciência, opera em nossa experiência visível e atrai para nós tudo o que é nosso, não

---

58 João 10,27.

apenas pessoas, mas circunstâncias, condições, livros, mensagens, o que for necessário. Se a necessidade é de um professor, ele atrairá um professor para nós, deste mundo, dos mundos que existiram ou dos que estão por vir. Nada é impossível para Deus.

Quietude e escuta são o nosso acesso ao Infinito. Toda vez que acreditamos que precisamos de algo ou alguém, devemos voltar-nos para dentro imediatamente e perceber: "Não, não! Eu tenho alimento que o mundo não conhece. Eu tenho a vida mais abundante".

Se admitimos ter uma necessidade, nós a externalizamos. Qualquer que seja a necessidade, ela permanecerá dezoito polegadas à nossa frente enquanto houver a palavra *necessidade*, assim como no velho Centro-Oeste, mulas que se recusavam a trabalhar ou andar tinham um saco de comida suspenso cerca de dezoito polegadas à frente delas, que elas nunca poderiam alcançar. Toda vez que dizemos "eu preciso", somos como essas mulas, e o que precisamos colocamos dezoito polegadas à nossa frente. A realização ocorre somente quando aceitamos a verdade de que temos alimento espiritual.

Se encontrarmos uma ausência de saúde, força ou juventude em nosso corpo, uma falta do que pensamos erroneamente como suprimento em nosso bolso, ou uma carência de companheirismo em nossa vida, deixemos de ser teimosos, voltemos à nossa Cristandade e percebamos que, apesar de invisíveis no momento, o Princípio do Mestre não é "eu preciso", mas "Eu tenho carne para comer"[59]. "Eu sou o pão da vida"[60]. O Mestre não usou o tempo futuro. De fato, toda a verdade espiritual está escrita no tempo presente: Eu tenho; Eu sou; Deus é.

A consciência do agora

Aqueles que avançam muito no caminho espiritual o fazem apenas porque, por algum milagre da Graça, aprenderam a viver no presente. Eles deixaram o passado passar. É verdade que eles podem se referir a ele de vez em quando como uma experiência, mas não permitem que ele influencie ou afete o presente de forma alguma. Não importa quão angustiante possa ter sido o passado, quão vergonhoso ou difícil, uma pessoa que permite que isso a influencie hoje é tola. O passado se foi: está morto.

Existem algumas pessoas que viveram oitenta ou noventa anos que deixaram a duração de seu tempo na Terra estragar seus dias de hoje, pensando em quantos anos no passado houve e contando quão poucos restam no futuro, sem considerar que haveria mais no futuro se eles vivessem no presente. *Agora* somos Um com o Pai. *Agora*. O que isso tem a ver com o passado em que não sabíamos disso? Nossa preocupação é com a verdade que conhecemos *Agora*, a verdade de que tudo o que o Pai tem é nosso, e vamos viver nessa consciência.

59 João 4,32.
60 João 6,35.

Mas e amanhã? Em primeiro lugar, ainda não chegamos a ele e, em segundo lugar, não sabemos onde estaremos no futuro nem se estaremos. Nossa preocupação é *Agora, Agora*. A única coisa que precisamos saber é que há coisas que serão feitas amanhã, e faremos amanhã. Não vamos tentar fazê-las ontem ou hoje. Suficiente para o amanhã é o que deve ser feito amanhã.

À medida que avançarmos no caminho espiritual, descobriremos que o passado desaparece, exceto como parte de conversa, mas não tem influência em nossa vida atual, não tem presença ou poder. Nós não lhe damos jurisdição; não permitimos que o fato de não termos tanta educação quanto outra pessoa tenha algum peso nem o fato de que ela possua mais dinheiro venha a nos afetar. Nada sobre o passado tem a ver conosco.

Eu vivo no Agora. Agora abro a porta da minha consciência. Agora eu admito o Cristo, a Presença de Deus em minha consciência e deixo que Ele atue em mim enquanto realizo minhas tarefas diárias.

Devemos viver em e como Consciência de Deus, nunca nos limitando. Embora não possamos mostrar todo o Infinito na Terra, provavelmente mostraremos uma medida maior do Infinito do que jamais sonhamos que um ser humano pudesse mostrar. Tudo isso vem pelas palavras *"como"* e *"é"*. Não existe Deus *e*; existe apenas Deus; mas Ele funciona *como* a Vida do Ser Individual. Deus funciona *como* a Mente do Ser Individual, *como* a Inteligência e a Sabedoria. Deus funciona *como* a

Substância e a Lei, à medida que permanecemos e vivemos com esse *como* e com o que *é*.

Visto que Deus é Infinito e constitui nosso Ser, nosso próprio Ser contém em si tudo o que precisaremos daqui para a eternidade. Tudo o que precisamos fazer é parar de tentar adquirir ou alcançar e deixar o que já está incorporado em nós aparecer externamente como forma.

Nossa consciência contém tudo o que precisamos para amanhã, para a próxima semana, próximo ano e até a eternidade. Para trazer isso para a atividade, necessitamos desenvolver a prática da meditação, na qual podemos ser observadores e observar como essas coisas aparecem em nossa vida. Não faz diferença o que queremos extrair de dentro de nós mesmos, isso está lá. Mas devemos desenvolver essa contemplação interior que cria um vácuo. Então, tudo o que precisamos flui em expressão, sejam negócios, colaboradores, parceiros, mais capital investido em nossos negócios ou uma nova ideia para publicidade. Mas nada disso existe no tempo e no espaço, existe dentro de nossa consciência. Devemos desenvolver um modo de oração que se torne uma atitude de escuta, para que a Graça de Deus possa fluir de nós. E assim será, se vivermos, nos movermos e tivermos nosso Ser na percepção e realização de que Deus é a nossa consciência, e a Consciência é a Substância de toda forma e atividade necessária para a nossa vida.

É essa Consciência Primordial, Primeira Causa, Deus, nossa consciência individual, que aparece como qualquer forma que seja necessária para nós, e ninguém pode tirar isso de nós, porque a forma está em nossa consciência. Ninguém pode tirar nosso dinheiro de nós, porque nosso suprimento não é dinheiro: nosso dinheiro é nossa consciência de suprimento externalizada. Quem o perde, perde-o apenas por uma razão: não aprendeu que o dinheiro não é algo separado e à parte de Deus. Se Deus é Infinito, o dinheiro deve fazer parte do Infinito; e se Deus é nossa consciência, nosso dinheiro faz parte de nossa consciência, assim como nosso lar, nossa família e tudo o que nos pertence. Ninguém pode tirá-los de nós. Nem o tempo nem o espaço podem tirá-los de nós, pois eles existem não como forma material, separados e à parte da consciência, mas como a própria consciência aparecendo como formas individuais.

9

As questões da vida estão na consciência

A consciência espiritual é o oposto de tudo o que aprendemos desde a infância. Por um lado, é uma reversão da ideia de substância comumente aceita como aquela que podemos ver, sentir, tocar ou manipular.

Tanto esforço é investido na aquisição de dinheiro, propriedade ou propaganda, pela qual o mundo valoriza essas coisas. Por que as guerras são travadas? Por que são realizadas eleições políticas? Por que a eterna luta para tentar possuir um negócio ou criar um monopólio? Não é principalmente com o objetivo de adquirir dinheiro ou propriedade? Durante todos os milhares de anos em que isso aconteceu, as pessoas não aprenderam que, mesmo depois que essas coisas são adquiridas, não há garantia de que elas possam se apegar a elas ou que elas comprarão as coisas que esperavam obter.

Um materialista grosseiro não trabalha em troca de dinheiro apenas pelo dinheiro. Ele acredita que a riqueza comprará algo chamado satisfação, prazer, segurança, paz de espírito ou poder. Poucas pessoas pensam que o dinheiro em si é valioso. Mesmo o homem que possui uma mina de ouro não está satisfeito em ficar com o ouro. Ele tem que o traduzir em outra substância. Todo mundo que luta por dinheiro espera trocá-lo, ou parte dele, por coisas chamadas paz de espírito, saúde ou poder. O mesmo ocorre com o paladar exacerbado. Não é a comida que eles mais gostam. Sempre em conexão com a ingestão demasiada ou excessiva de comida ou bebida está a crença de que a indulgência trará satisfação.

Onde o materialista difere dos que têm visão espiritual é que o materialista acredita que deve primeiro acumular a matéria e depois trocá-la por valores espirituais. Nisso ele falha. A pessoa de visão espiritual não acredita que as qualidades espirituais possam ser compradas com dinheiro, propriedade ou mercancia. Em vez disso, chegou à conclusão de que elas vêm de alguma fonte dentro de seu próprio ser e nada têm a ver com dinheiro; e que uma pessoa pode não ter dinheiro e alcançar mais paz de espírito, satisfação e alegria do que aquela que possui riqueza suficiente para todas as suas necessidades e desejos.

Aqueles de nós que passaram a vida buscando satisfação no reino exterior já sabem como o processo é insatisfatório e em que grau falhamos. Buscar o nosso bem no mundo exterior não produziu o que ansiamos. É por isso que estamos no Caminho.

Em nossa evolução do sentido material para a consciência espiritual, aprendemos que existe uma substância invisível chamada Deus, Espírito, Alma ou Consciência. O nome não é importante. O que vale é que exista uma substância invisível dentro de nosso próprio ser, e é a partir dele que as coisas boas da vida são formadas. "A fé é a substância das coisas que se espera"[61], que interpretamos como significando que a Consciência é a substância das coisas que se esperam, e é dela que surgem as questões da vida.

Transferindo energia do efeito para a causa

Somos contra gerações de crenças mundiais de que os órgãos e funções do corpo podem ser e fazer algo por si mesmos e que eles podem determinar os problemas da vida, que eles podem agir de maneira a causar doenças e, finalmente, a morte, como se tivessem a inteligência para governar nossa existência. Na verdade, o domínio nos foi dado desde o princípio.

Nenhum órgão ou função do corpo, por si só, possui inteligência para ser saudável ou adoecer, ser ativo, hiperativo ou hipoativo. Nenhuma parte do corpo pode determinar por si mesma o que fará ou como agirá, quando ou por quê. A consciência que formou o corpo no princípio é a consciência que o mantém e sustenta.

Uma vez que é o nosso estado de consciência que aceitou a crença de que os órgãos e funções podem agir por si mesmos, deve ser a nossa consciência que rejeita essa crença e aceita a verdade que Deus nos deu do-

---

61 Hebreus 11,1.

mínio por meio da consciência, e que ela é a causa e o princípio criativo do nosso corpo.

O valor nutritivo dos alimentos está na consciência

Uma das principais coisas que parecem desequilibrar nossos corpos é a comida, e a alegação de que ela tem poder sobre nós. Tenho certeza de que todos já viram alimentos cozinhando na panela, fritando na frigideira ou assando no forno. Não é tolice olhar para eles e pensar que eles têm poder sobre nós? Desde uma perspectiva espiritual, não têm. Que o valor nutritivo dos alimentos esteja neles é uma crença que nos foi transmitida por gerações.

A verdade é que o valor nutritivo de nossa comida começa em nossa consciência, não na comida. Primeiro temos que dar a esse alimento seu valor, antes que ele possa nos nutrir. Temos que lhe dar o poder de nos prejudicar antes que isso aconteça. Todos nós fizemos isso desde a infância, dizendo: "Isso não me faz bem, então eu não como, pois, se eu comer, vai me perturbar".

A crença mundial é que certos alimentos fornecem elementos e substâncias necessários para o corpo e, de acordo com a perspectiva material da vida, sem dúvida, isso é verdade. Quando os nutricionistas nos dizem que a vitamina A faz uma coisa e a vitamina B outra, não devemos duvidar. E quando afirmam que precisamos de tantas calorias por dia, estão certos. Seria tolice alguém negar que, na cena humana, vitaminas e minerais são eficazes. Mas, se eles estivessem fazendo seu trabalho e se os órgãos do corpo estivessem funcionando perfeitamente, muitos de nós provavelmente não procurariam algo que nos desse uma sensação maior de bem-estar.

A crença humana universalmente aceita afirma que a vida está no coração, no fígado, nos rins, no aparelho digestivo e excretor. Nós nos tornamos vítimas dessa crença. A verdade é que, por si mesmos, os órgãos do corpo não podem se mover nem atuar. Se acreditamos que os órgãos digestivos podem digerir separados e à parte da consciência, falhamos em ver que o próprio corpo é apenas um pedaço de matéria morta. Existe um Eu que governa e controla o corpo e toda a situação.

O desdobramento que me ocorreu, porém, é que a comida que ingerimos não nos nutre. É a alma no centro do nosso Ser que confere à comida o valor que dela devemos obter. Na realidade, todo alimento que ingerimos é inofensivo e, se houver alguma qualidade da crença mundial que seja prejudicial, não poderá nos atrapalhar, pois nossa consciência iluminada não o capacita a ser danoso e, por si só, não é prejudicial. Todas as vezes que comemos, percebamos que qualquer valor que existe no alimento vem de nossa consciência. Assim devemos agir em relação à comida. Cedo ou tarde, será necessário fazê-lo com os órgãos e funções do corpo. Ao chegarmos a uma medida da consciência espiritual, aprendemos a grande lição de que nada neste mundo de efeito tem poder.

Todo poder está em Deus no centro do meu Ser, e Deus no centro do meu Ser transmite aos meus ossos, à minha carne e à minha comida toda a energia e poder que eles finalmente têm em mim.

A consciência que me formou é o governo do meu corpo. A consciência que me criou mantém e sustenta toda ação, todo órgão e toda função do meu Ser, e essa mesma consciência transmite à comida que eu como suas qualidades de bem para mim. Essa é a verdadeira substância da minha comida, e a consciência determina seu valor nutritivo para mim. A comida em si não determina suas qualidades nutricionais nem os órgãos e funções do corpo. A consciência que formou a comida e que formou os órgãos determina a harmonia e atividade do meu corpo, e o valor da comida que como.

Eu conscientemente retiro o poder do reino externo e o coloco onde ele pertence: na consciência. Aqui e agora, concordo que a consciência governa todas as funções, órgãos e atividades do meu corpo e não aceito mais a crença de que clima, intempéries, comida ou qualquer outra coisa sejam um fator determinante na minha experiência.

Se aceitarmos e acreditarmos nessa verdade, a comida, como tal, não poderá ser o fator determinante em nossa experiência. O alimento, em si, não tem poder; o alimento, em si, não pode possuir qualidades de manutenção, sustento ou nutrição, uma vez que a mesma consciência que governa e controla os órgãos e funções do corpo deve governar a qualidade dos alimentos que ingerimos. Percebemos conscientemente o Governo Divino do corpo, não apenas para ter um sistema digestivo ou excretor melhor, para nos dar uma figura melhor se formos magros demais, ou para reduzir nosso peso se necessário, mas, quando captamos este princípio aplicado aos alimentos, órgãos e funções, chegamos a todo o Princípio Espiritual da Vida. Toda questão da vida é determinada não por condições e coisas externas, mas pela consciência.

As questões da vida estão dentro de nós, não em alguém ou em alguma coisa. Se pudermos provar esse princípio em um exemplo, nunca mais teremos um desejo falso ou insatisfatório. Todo desejo será normal, natural, correto, harmonioso, alegre e abundante, e se realizará. Provar em uma área da experiência que o Invisível Infinito é a Substância, Lei e Atividade real de nossa existência é nos encontrarmos rapidamente independentes de qualquer pessoa, lugar ou coisa. Teremos feito contato com Deus e, a partir de então, Deus suprirá tudo o que for necessário para nosso desenvolvimento e bem-estar espiritual.

Pelo menos duas ou três vezes por dia, devemos perceber que a Alma, a Inteligência e a Vida em nós, no centro de nosso Ser, estão governando e controlando nosso corpo. O corpo não está nos controlando. Nós o controlamos. Existe uma Alma no centro de nosso Ser, e deve ser uma constatação diária que sua função é governar e animar nosso corpo de maneira inteligente e harmoniosa, não apenas hoje, mas eternamente – não somente durante setenta ou oitenta anos, mas em 120, 130 ou 140 aqui neste plano, se escolhermos. Não há limite para o período de tempo em que o corpo funcionará, exceto o limite da crença universal que aceitamos.

É preciso disciplina para se acostumar à ideia de que nem o corpo, nem as ações e funções dele determinam nossa saúde, mas que ela é determinada pela consciência, e que essa anima, governa e controla os órgãos e funções do corpo.

Seletividade espiritual

Devemos nos alimentar de maneira inteligente, comer o que sabemos que é bom para nós em nosso estágio de consciência. Isso não significa fazer disso um fetiche. A pessoa que é sensata sobre seus hábitos alimentares percebe que não é o que entra pela boca, mas o que sai dela que é importante. É o que sai da consciência de alguém que alimenta, mantém e sustenta o corpo. Devemos agir de maneira inteligente em nossos hábitos alimentares, comendo as coisas de que gostamos, evitando os tipos mais destrutivos de comida de acordo com a crença universal e, em seguida, deixar de nos preocupar. Se vivermos todos os dias em meditação e contemplação espiritual, seremos alimentados por dentro. "Tenho carne para comer, a qual não conheceis."[62] Essa carne é a Carne Interior, o Pão Interior.

---

62 João 4,32.

Muitas pessoas acreditam que o pão é o sustento da vida apenas por causa do que as Escrituras dizem, mas isso nunca foi feito em sentido literal. Significa que a Palavra de Deus é o pão da vida e, permanecendo nela, a comida nunca vai nos incomodar muito. Não haverá excesso de indulgência nem falta dela. Nosso elevado estado de consciência provará ser seletivo, de modo que gradualmente descartaremos alimentos que, para nós, não são particularmente aceitáveis para o nosso sistema.

Isso não significa que a comida seja boa ou ruim, mas, sim, que existem estados de consciência em que não tomamos alguns alimentos muito rapidamente e sim a outros. Sem saber disso, criamos o hábito de comer quase tudo o que gostamos. Mas a seletividade espiritual às vezes nos diz para não comer carne por uma semana, duas ou três semanas, ou beber um ou dois litros de água diariamente. Isso não é confiar na matéria: é uma seletividade espiritual, trazendo-nos nossa necessidade em uma linguagem inteligível para nós, em um dado momento e em um determinado estado de consciência.

Em nossa maneira atual de viver, tudo o que é colocado à nossa frente não é realmente nutritivo, mesmo que esteja fantasiada como comida na mesa. Quando vamos a restaurantes, ingerimos o que está definido diante de nós. Não pode nos prejudicar porque não é um poder, mas também não queremos passar a vida inteira nos alimentando do que é comida do ponto de vista humano. Portanto, em nossas casas, devemos ter inteligência para usar substâncias alimentares que tenham valor nutritivo.

Se, nesse nível de consciência, descobrimos que não estamos recebendo o suficiente de certas vitaminas em nossos alimentos, que diferença faria se as tomássemos na forma de uma cápsula ou pílula? É o mesmo que comida. Enquanto nos mantivermos no sentido carnal do corpo, teremos que comer, e os alimentos que ingerimos levarão alguma medida da crença mundial, e é isso que determinará nosso conforto. Ao trabalharmos com o princípio de uma substância e um poder, a crença mundial terá cada vez menos poder em nossa experiência e viveremos do nosso domínio dado por Deus.

O poder está na consciência

Devemos passar da crença de que algo externo tem poder sobre nós para a compreensão de que todo poder é derivado de Deus e é dado a nós espiritualmente. Sejam os órgãos e funções do corpo, os alimentos que ingerimos ou o clima externo, é a nossa consciência que determina o seu bem em nossa experiência. Quando percebemos isso, fizemos uma transição do sentido material para a consciência espiritual.

Agora, não procuramos mais o nosso bem, mas a consciência, e ela aparece externamente como alimento, transporte ou lar. Não nos tornamos ascéticos e negamos tudo de bom que vem, mas desfrutamos, sabendo que isso veio da consciência divina dentro de nós.

Portanto, também não procuramos amigos como companhia. Percebemos que o poder da alma, no centro de nosso ser, aparece externamente como amigos. Humanamente, aqueles que são amigos hoje podem ser inimigos amanhã. Isso não pode ser verdade, se percebemos que apenas o poder de Deus no centro de nosso ser lhes dá o poder de amizade conosco, porque existe uma só alma, funcionando como cada um de nós.

A essência da vida mística foi revelada pelo Mestre: "Tenho carne para comer, a qual não conheceis". Quando Jesus estava com fome e veio a tentação de transformar pedras em pão, ele disse: "Não, nada disso para mim. Não estou interessado em comida do lado de fora. Para trás, satanás'. Não estou fazendo nenhum milagre aqui"[63]. Ele sabia que, no centro de seu Ser, havia o poder de Deus que o alimentaria e o sustentaria, e quando estivesse pronto para lhe trazer pão, o pão estaria lá. Deus, no centro do seu Ser, o produziria.

Não havia necessidade de Jesus pular de um penhasco para provar que sua vida era eterna e que Deus o sustentaria. Deus o estava sustentando no topo do penhasco. Por que pular? Ele estava sendo sustentado e satisfeito onde estava. Isso era tudo o que era necessário. Ele não precisava provar isso. Isso estava acontecendo. A vida está acontecendo para nós, e, quando percebermos que esta vida, que é a nossa vida, é autossustentada e automantida, faremos menos esforços

---

63 Lucas 4,8.

para melhorá-la e, então, descobriremos que ela mesma se cuida.

Deus, o princípio autocriado e autossustentável

É relatado que um professor que estava trabalhando em um projeto relacionado ao hidrogênio abordou um grupo de cientistas e físicos em alguma nova fase do experimento. Ele começou dizendo que sabia que havia alguns presentes que ainda acreditavam em Deus. "Devo dizer-lhe que, para entender esse experimento e os experimentos mais elevados em fissão nuclear, você deve aceitar o fato de que não há Deus. E não apenas você deve aceitá-lo, mas você deve acreditar. Não estou lhe dizendo isso do ponto de vista religioso: estou falando do ponto de vista do que provei em laboratório. Deus não existe, e você pode largar toda essa bobagem aqui e agora. Provei que tudo o que existe neste mundo é hidrogênio de alguma forma ou modo. Não existe nada que não seja composto de hidrogênio."

Um dos cientistas olhou para ele e perguntou: "Mas, professor, de onde vem o hidrogênio?"

"Oh!", respondeu ele, "ele é autocriado e autossustentado".

E este homem comentou: "Eu pensei que isso era Deus".

Com isso, o professor parou e disse: "Você está certo. Qualquer que seja o nome que você der, é automantido, autossustentável e autocriado; é o Infinito". E ele próprio estava convencido.

Se esse professor pudesse ter entendido que existe uma Substância criada por si mesma e mantida por si mesma, ele também compreenderia que a substância de toda forma é eterna, imortal e governada pelo mesmo Princípio ou Substância autocriadora, autocriada e autossustentável. Certamente, devemos ser capazes de ir tão longe quanto esse homem instruído e concordar com isso. Devemos reconhecer que os órgãos e funções do corpo, a comida que ingerimos, o ar que respiramos ou a chuva ou a neve que caem são dessa Substância e Atividade autocriada e automantida que o professor chamou de hidrogênio (poderia ter sido qualquer outra partícula), mas que nós chamamos Deus. Por causa disso, não há mal em nenhuma dessas coisas.

Isso nos leva à mais alta lei da vida mística: na realidade, existe apenas um Poder neste universo, Todo o Bem, e não há nada mal. Podemos fazer qualquer coisa má em nossa experiência apenas por pensar assim, mas isso não significa que ela seja má por si mesma. Pelo contrário, se podemos postular um princípio de uma Substância infinita autocriada e automantida, devemos logicamente dar o próximo passo e reconhecê-la como a única Substância. Se é autocriada e automantida, deve ser boa, ou não poderia durar eterna e imortalmente; e, se é boa, é boa em qualquer forma em que aparece.

Tudo o que existe foi formado da única Substância básica que chamamos de Deus, Alma, Espírito, Vida, Princípio ou Lei. Essa Substância está dentro de nós, e nossa percepção e realização fazem dela a lei para os órgãos e funções do nosso corpo. Torna-se a lei até para o que comemos, e é a Substância no centro de nós que é o único nutriente que a comida pode ter.

Toda vez que ingerimos algo, geralmente comemos não apenas a comida, mas a crença mundial sobre ela: algumas delas engordam e outras emagrecem; parte disso é bom e parte disso é ruim para nós. Como nenhuma mudança ocorre em nossa vida, exceto pela atividade de nossa consciência, torna-se necessário que percebamos toda vez que comemos:

A Substância e a Atividade de mim são derivadas de Deus no Centro do meu Ser, e não posso responder a nenhum outro pensamento ou coisa. Eu concedo a atividade, a nutrição, a satisfação, o sabor e o prazer a esta comida. Eu, Consciência, Alma, Espírito, no Centro do meu Ser, dou aos órgãos e funções do meu corpo sua capacidade de digerir, assimilar e eliminar, ou qualquer outra coisa que o corpo tenha a fazer.

Superando crenças mundiais por meio de uma atividade de consciência

Por uma atividade da consciência, transferimos todo o poder do mundo exterior e o colocamos onde ele realmente pertence: dentro de nós. O domínio nos foi dado por Deus sobre tudo o que existe, mas devemos exercitar conscientemente esse domínio. Conscientemente, temos que voltar ao Centro do nosso Ser e, durante semanas e meses, perceber esse domínio, até que se torne automático. Os primeiros meses desse estudo são muito difíceis. É preciso disciplina para lembrar onde está o poder, de onde vem o poder e qual é a substância real.

Toda vez que somos tentados a pensar em termos de dinheiro, conscientemente temos que reinterpretar isso e perceber: "Não, o poder, a substância e o suprimento estão dentro de mim, não em notas de dólar – mas dentro de mim. Se eles estivessem em notas de dólar, uma nota de dólar sempre compraria a mesma coisa. Mas não. O poder do suprimento está dentro de mim, dentro da minha consciência, que determina o meu suprimento".

Ninguém pode evitar a responsabilidade pela realização espiritual e pelo desenvolvimento da consciência do único Poder. Pagamos a penalidade por qualquer crença que aceitamos, até que ela seja corrigida. Qualquer coisa de bom que entra em nossa experiência vem da atividade de nossa consciência em aceitar a verdade e em rejeitar a crença universal, lembrando conscientemente todos os dias:

Deus, no centro do meu Ser, é a lei da minha experiência, e é a lei do amor para mim. Deus, no centro do meu Ser, é a substância e o alimento da comida que como. Deus, no centro do meu Ser, é a lei e atividade para todos os órgãos e funções do meu corpo. Deus, no centro do meu Ser, é a lei e a atividade do clima e das intempéries.

Deus, no centro do meu Ser, atrai para mim tudo o que é necessário para o meu bem. Ele age como uma lei de eliminação de tudo o que não é necessário para o meu desenvolvimento e minha realização espiritual.

Isso é algo para se lembrar três vezes ao dia, que todo o poder está no centro do nosso Ser, vestido como nossa alma, e que nossa alma é a substância, a lei, a atividade e a realidade de tudo o que nos interessa. Somente na proporção em que conhecemos a verdade, ela pode nos libertar. Substituir a crença universal pela verdade é uma atividade de nossa consciência, e isso a torna operacional em nossa experiência.

Vivemos como seres humanos sob as leis da crença, incluindo todas as leis estabelecidas pela medicina, mesmo aquelas que daqui a dez anos não aceitaremos mais como leis. Essas leis operam em nossa experiência, assim como o Papai Noel opera como uma lei para uma criança, até que ela saiba que o Papai Noel é um personagem fictício e, depois disso, ele se torna nada mais que um nome para ela.

Portanto, essas leis da medicina, da comida e do clima são realmente experiências de Papai Noel em nossa vida. São poderes inexistentes, mas operam como reais, até que eliminemos conscientemente a crença e a troquemos pela verdade. Isso ninguém pode fazer por nós, exceto temporariamente. É por isso que podemos ter curas de praticantes, mas não alcançamos nossa vida transformada. Somente nós mesmos podemos retomar nossa vida, e o caminho é abandonar essas crenças universais tão rapidamente quanto descobrimos que são crenças e chegarmos à conclusão de que Eu, Deus, no centro de nosso Ser, é a Substância e a Alma do nosso Ser e está governando toda a nossa experiência.

Essa Consciência Divina, à qual nos abrimos em receptividade, assume e cumpre nossa vida. Mas temos que deixá-la entrar, abrindo nossa consciência para o Eu dentro de nós, que é Toda a Sabedoria. Se é possível deixar que o Eu, que é Deus, domine, Ele vive nossa vida e cumpre nossa experiência. Ele tem uma vontade melhor para nós e mais Poder para realizar a Si Mesmo e a Seu Bem do que nós, e o faz de uma maneira muito melhor do que jamais poderíamos planejar.

Uma boa ilustração é a experiência que tive quando fui a Portland, Oregon, para falar. Se eu tivesse tentado dizer a Deus o que queria, nunca teria pensado na coisa mais importante que me ocorreu nessa viagem, porque não sabia nada sobre isso. Felizmente, minha oração era, então, como é agora: "Pai, realize-te a ti mesmo".

Então, quando cheguei ao Centro e me perguntaram se me oporia a gravar a conversa, eu nem tinha ouvido falar de um gravador e não sabia nada sobre sua função. Desde então, todo o meu trabalho de aulas e palestras foi gravado e, por meio desse instrumento, foi disponibilizado para os alunos o tempo todo. Eu não estava orando por algo, mas apenas me deixando aberto, e o que veio surgiu pela graça de Deus.

Por essa maneira eficaz de espalhar a mensagem do Caminho Infinito, eu não poderia ter orado nem poderia pedir a Deus, porque era tão totalmente desconhecido para mim quanto o poder atômico era ignorado para nós há alguns anos. Ele entrou pela Graça e agora está servindo a um propósito importante. Uma nova maneira de ensinar e apresentar a verdade se abriu. Por intermédio do quê? Pela capacidade de ser receptivo para que, quando uma nova ideia fosse apresentada, houvesse uma vontade de aceitá-la. Uma porta foi aberta, porque minha oração era abrir a consciência para qualquer forma de Bem que Deus possa enviar, mesmo que seja uma sobre a qual eu nada saiba.

Podemos pensar que sabemos o que seria bom para nós amanhã ou para o restante do ano, mas posso garantir que Deus nos faz o Bem com o qual nem poderíamos sonhar. Pessoalmente, não ligo para o que acontece amanhã. O caminho está tão completamente aberto para mim que, seja o que Deus determinar, é assim que será, e não serei tão egoísta a ponto de tentar dizer a Ele onde acho que deveria estar ou o que acho que Deus deveria me fazer amanhã, no dia seguinte, no próximo mês ou no próximo ano. Não vamos a Deus para que certas coisas sejam trazidas para amanhã. Vamos a Deus com esta atitude:

Hoje, amanhã e o tempo todo, Deus, eu pertenço a ti. Determina meus dias.

Enquanto nos sentamos em silêncio e em paz, ouvindo atentamente, não demorará muito até que Algo nos diga: "Vá para a cama; está tudo certo", ou "vá agora e faça suas tarefas domésticas", ou "vá para seu trabalho, Eu estou em campo". Não é necessário dizer isso com essas palavras, mas haverá um sentimento de correção. Haverá uma liberação do fardo, uma queda do medo. Algo virá nos trazendo uma sensação de segurança de que Deus está em campo.

Essa é a transição do sentido material para o espiritual. Todos os dias, destruímos alguma crença mundial e a substituímos por uma atividade da verdade, até chegarmos ao final da vida espiritual, quando não precisamos pensar. Algo no centro está sempre fazendo as coisas por nós: oferecendo a comida certa e rejeitando a errada para nós; trazendo-nos as amizades certas e tirando de nós aqueles que não participam da nossa experiência; concedendo as oportunidades certas para nós e vendo que não tiramos vantagem das erradas.

Sempre existe Algo no centro de nosso Ser, de modo que nos encontramos dizendo: "Céus! Não estou mais vivendo minha própria vida". Está certo. Nós não estamos. Ele assumiu o controle e vive nossa vida por nós. Então, podemos dizer: "Não estou digerindo minha comida". E nós não estamos. Ele está digerindo isso. Não temos pensamento consciente sobre o assunto. Não precisamos levar o pensamento consciente para nenhuma fase da nossa vida: deixamos que Ele assuma o controle e viva por nós. Então, entendemos que a Consciência Divina dentro de nós vive nossa vida, e apenas observamos o que ela faz.

10

A consciência da verdade é o curador

Se todas as pessoas na Terra pudessem ser levadas a uma experiência espiritual, provavelmente não se importariam muito se estivessem saudáveis ou doentes, ricas ou pobres. A própria experiência já é suficiente, sem essas coisas humanas adicionadas. O ministério de cura é importante, porque, quando uma pessoa experimenta uma cura espiritual, cria um desejo de ir além do que apenas ser curado. Isso gera nela um desejo de conhecer a Deus, de viver a vida espiritual e, por sua vez, poder ajudar os outros.

Nunca houve e nunca haverá um ensino que permita a alguém curar. Somente a mensagem da verdade nunca curará ou reformará ninguém, mas fornecerá a uma pessoa princípios que, incorporados à sua consciência, permitirão que ela se liberte do sentido material e evolua para a Consciência Espiritual. É a Consciência Espiritual que cura, a Consciência Espiritual com a qual pouquíssimos místicos chegaram ao mundo. A cura espiritual é realizada pela Consciência Espiritual natural ou desenvolvida de uma pessoa, e essa Consciência Espiritual é sua e minha, quando não mais nos voltamos para Deus por cura ou acreditamos que existe um Deus que retém a cura, um Deus que fará hoje o que Ele não estava fazendo ontem.

O grau de ajuda que você será capaz de dar a alguém depende da verdade que está incorporada em sua meditação ou tratamento contemplativo, que se torna consciência realizada, a própria substância e essência da cura. Uma pessoa que atua no ministério de cura há vários anos deve estar realizando um trabalho eficaz de cura. No momento em que ela atua com esses princípios dia após dia e noite após noite, toda a sua consciência se torna tão imbuída de verdade que resta pouco de humanidade.

O praticante que trabalhou com tipos diferentes de casos chega a perceber que as palavras que usou em suas meditações ou tratamentos no primeiro ano são realmente verdadeiras. Quando ele as estava usando, não acreditou nelas. Ele estava apenas declarando algumas palavras que esperava serem verdadeiras. Mas depois de trabalhar com a verdade por vários anos, não há mais necessidade de declarar ou expressar isso, porque assim que um paciente passa seus problemas para a mente do praticante, esse imediatamente os reconhece como miragem, ilusão, *maya* ou reivindicação de dois poderes, e eles são dissolvidos.

Não há esforço mental na cura espiritual, não há esforço mental por parte do praticante, não há esforço algum. O empenho ocorre no desenvolvimento da consciência, até o ponto de haver a experiência real de que Deus é vida e que seu paciente não tem outra vida além de Deus, nenhuma outra mente, nenhuma outra Alma, nenhum outro Ser. Então, deve vir a percepção de que a aparência que o paciente trouxe ao curador é apenas uma sombra, uma imagem mental.

No momento em que uma reivindicação é apresentada a você, reconheça-a não como pessoa, mas como uma imagem hipnotizante de uma individualidade, uma lei e uma vida à parte de Deus, tendo sua causa na crença universal em dois poderes, uma crença tão universal e hipnotizante que, em certa medida, todos são vítimas dela.

Nesses primeiros anos, você deve trabalhar de forma definitiva, específica e frequente com os princípios. Esteja disposto a se exercitar com eles religiosamente, até provar a verdade deles, e que praticá-los resulta em frutos. Ao continuar praticando e trabalhando fielmente com os princípios por dois, três ou quatro anos, você os declarará cada vez menos. Chegará o dia em que, independentemente do nome ou natureza da reivindicação que lhe for apresentada, você perceberá automaticamente sua natureza impessoal e o não poder, e se afastará dela. Você pode fazer isso 80 ou 90% das vezes, mas 10 ou 20% das vezes pode ser necessário ir mais a fundo.

Toda reivindicação é de natureza universal, mas as pessoas as personalizam

Todas as pessoas não são igualmente receptivas. Em alguns casos, as curas não ocorrerão até que uma mudança de consciência seja provocada no paciente. Você não é um curador do corpo; não pode remover a doença. É uma mudança na consciência que produz o efeito externo da cura. Geralmente, no entanto, a maioria das curas pode ser completa e rápida, porque a alegação de que o paciente sofre é de natureza tão universal que nada tem a ver com ele pessoalmente, exceto que, momentaneamente, ele é vítima dela. Assim que a crença universal se dissolve, ele fica livre.

Ocasionalmente, um paciente se apega a alguma crença, a qual, no momento, ele não é capaz de renunciar. Tornou-se personalizada por ele e, nesse caso, seu trabalho pode ter que continuar, até que haja uma liberação disso. Por exemplo, o medo da morte é uma crença universal, mas se torna personalizada para algumas pessoas quando atingem os anos cinquenta e sessenta e, consciente ou inconscientemente, seus pensamentos mudam, porque aceitam a crença da morte final. Às vezes, seu tratamento pode ter que continuar até que eles acordem para a percepção de que são imortais, aqui ou lá. Então, eles são libertados.

Com outros, pode ser algo de natureza pessoal. Mas certifique-se de não prender isso neles. Mesmo que isso seja descoberto para você, não diga ao paciente que ele deve se livrar disso. O que quer que seja descoberto deixe-o cair como um nada, lembrando que nem você, nem o paciente têm algo para se livrar. O que você precisa fazer é conhecer a verdade, e o constante conhecimento dessa verdade construirá uma consciência totalmente nova, na qual o erro, independentemente de seu nome ou natureza, terá cada vez menos poder, até que finalmente não o tenha.

Meditação contemplativa ou tratamento eleva a consciência

Alguns dos problemas que podem se apresentar a você continuam a manter a aparência de realidade, apesar do reconhecimento da irrealidade deles. Nesses casos, talvez precise trabalhar com esses princípios até estar tão elevado em consciência que o Espírito de Deus assuma o controle. Seu tratamento consiste primeiro em perceber conscientemente dentro de si a natureza de Deus: a totalidade, a onipresença e a ação de Deus.

Deus é o legislador e, por causa da infinitude de Deus, toda lei é espiritual. Não há outra. Então, e quanto a essa lei material ou mental? Na totalidade da lei espiritual, as leis materiais ou mentais devem ser agrupadas como parte integrante da mente ou do *nada* carnal e são, portanto, inoperantes. Por meio desse tratamento, a infecção e o contágio são anulados, sem que tenham sido mencionados. Ele anula leis hereditárias, de alimentação, de clima e a lei de idade avançada, que é uma das mais diabólicas que operam na consciência humana.

Quando uma pessoa reconhece Deus como Vida infinita e onipresente, e depois percebe que todo o mal que chega aos seus olhos e ouvidos é apenas a projeção da crença em dois poderes e não uma pessoa ou uma condição, seus medos desaparecem. Ela fica quieta internamente, e nessa quietude acontece algo que não pode ser descrito. Ela não pode ver o que é, ouvir, provar, tocar ou cheirar. Ela apenas sabe que está em um estado de calma. Essa calma é a presença do algo transcendental que dissolve as imagens errôneas. Não cura doenças: pois não há nenhuma. Não reforma os pecadores: não há nenhum. Dissolve a crença no bem e no mal e, quando isso é dissolvido, a pessoa não está mais vendo "através de um vidro, sombriamente"[64]. Ela está vendo face a face.

Deus governa, mantém e sustenta sua própria criação. Deus é minha vida, minha mente, minha alma e meu ser, é a única lei que opera em, através e como minha consciência.

Não preciso temer o que o homem mortal ou a mente carnal podem fazer comigo. Não preciso temer o que a infecção ou hereditariedade podem fazer. Não preciso temer nenhum poder material ou mental, pois a onipresença de Deus é meu manto. Nele, nada pode entrar para destruir ou perturbar: nenhuma crença universal, nenhuma atividade da mente carnal, nada, de qualquer natureza, que o mundo chame de destrutivo. A onipresença de Deus revela o nada da mente carnal, de todas as suas atividades, seja qual for, da tão chamada "história".

A mente carnal não opera como pessoa ou coisa: opera apenas como uma crença em dois poderes. Não aceito essa crença, porque aceito Deus como o único Poder.

---

64 1Coríntios 13,12.

Deus fez a mente carnal? Não, a mente carnal e todas as suas atividades não são nada. Elas são essa mente humana universal que surge da crença no bem e no mal, uma crença que não tem existência real. Na verdade, nem há mente para ser chamada de "carnal".

Deus criou alguma lei, qualquer ser, algum poder ou qualquer coisa em qualquer lugar, a qualquer momento, que pudesse destruir Sua criação? Não, a infinitude de Deus elimina toda a possibilidade de Deus ter criado algo destrutivo para Si Mesmo, e não há outro criador ou princípio criativo.

Um paciente recebe o benefício da ajuda do praticante porque ele fez contato com o praticante, e a verdade que o praticante sabe em sua consciência tornar-se a Lei para o paciente. Nunca é verdade quando existe um "você" no tratamento, porque o "você" que está sendo abordado acaba de dizer ao profissional que ele está doente. Como, então, ele pode ser filho de Deus? Como ele pode ser espiritual, perfeito ou imortal? Um ser humano nunca é imortal ou espiritual. Ele não pode ser. Esse trabalho é realizado para fazer o ser humano "morrer diariamente"[65], para que ele possa renascer do Espírito. Não é tolice dizer ao senso humano do eu que ele deve "morrer", que ele já é espiritual?

Não faça tratamento a ninguém nem traga uma pessoa à sua meditação. Esqueça aqueles que se voltaram para você em busca de ajuda; volte-se para a Presença Interior. Ao lembrar e rever esses princípios es-

---

65 1Coríntios 15,31.

pecíficos, você se coloca no nível em que não tem mais as aparências que lhe são trazidas. Não pode mais odiar o erro nem pode temê-lo, porque agora você testemunhou que, por si só, ele não é um poder; é apenas uma crença.

O objetivo do seu tratamento ou meditação contemplativa é garantir e tranquilizar-se quanto à verdade desses princípios, até que você esteja tão elevado em consciência que possa dizer "Pai, é a Sua vez". Daí você espera, às vezes segundos, minutos, até sentir uma resposta, uma liberação ou até receber uma mensagem. Então, você sabe que Deus está em campo. Não é o seu tratamento que traz Deus para o campo, mas o seu tratamento eleva sua consciência até ao ponto em que você pode ser receptivo à Presença de Deus, que já estava lá, mas que você não poderia receber pela mente humana.

Não acredite que suas orações ou tratamentos tenham algum efeito sobre Deus. É você que eles afetam. Na proporção em que você trabalha com princípios específicos que despersonalizam o erro e o transformam em nada, você fica aliviado do seu medo. Quando não mais teme "o homem, cujo fôlego está nas narinas"[66] ou a condição desse homem, é porque você alcançou a Comunhão com Deus e recebeu dentro de si a garantia de Deus de que essas coisas não são poder: "Não tema, eles têm apenas o 'braço de carne'"[67]. Você tem

---

66 Isaías 2,22.

67 2Crônicas 32,8.

144

o Senhor Deus Todo-Poderoso – Todo o Poder, o Único Poder. Se Deus é Todo o Poder, "os exércitos dos estranhos"[68] não têm poder. Se Deus é Todo o Poder, pecado, doença e morte não são poder.

Isso não é usar a verdade para superar nada. Isso é usar a verdade para levá-lo à conclusão de que não há outro poder a ser temido. Você precisa permanecer apenas em Emanuel, Deus com você, na compreensão de que todo mal tem sua origem em uma crença universal e, sendo impessoal, não tem pessoa em quem, a quem ou por intermédio de quem operar.

Ao trabalhar com esses princípios, você está desenvolvendo uma medida da consciência de cura do Cristo, pela qual, quando a aparência o toca, você não precisa procurar a Deus para nada, pois já tem a consciência de que Deus *é*. Você é elevado a um estado de consciência em que se torna receptivo à presença interior. "Onde está o Espírito do Senhor, há liberdade"[69], e essa Liberdade é para todos aqueles que se trazem à sua consciência.

Quando você não busca mais o poder de Deus para nada, quando atinge o estado de consciência revelado no Vigésimo Terceiro Salmo e está convencido de que o Senhor é seu pastor, você foi para além do metafísico, para o estado místico de consciência.

---

68 Hebreus 11,34.
69 2Coríntios 3,17.

A *prática de princípios específicos desenvolve a consciência*

O objetivo do trabalho do Caminho Infinito é trazer sua consciência para aquele nível em que você se eleva acima da mera crença em Deus e entra na experiência de comunhão com Deus. Então, você não tem mais nenhuma crença sobre Deus: você tem a Experiência.

Assim como José, depois de ser jogado em uma vala e vendido como escravo, chegou ao Egito, onde seu destino deveria se cumprir, muitos de nós, seja por erros, doença, escassez ou ameaça de morte, fomos empurrados para uma metafísica ou ensino espiritual e, dessa maneira, para a realização de Deus. A partir de então, não há limite para a nossa medida de realização, exceto o limite que colocamos sobre nós mesmos, por inércia ou por uma falta de vontade de cavar e trabalhar até atingirmos essa consciência.

Você não pode chegar ao trono espiritual até amar a Deus acima de todas as coisas, e só ama a Deus supremamente se reconhecer a Deus como o único Poder. Somente na Onipresença você pode perder o medo do "homem cuja respiração está em suas narinas". Por causa da Onipresença, Deus constitui um ser individual, e você reconhece a mortalidade como nada além de uma ilusão dos sentidos. Não tenta curá-la, regenerá-la ou livrar-se dela: você a reconhece como o nada que ela é.

Se você pode sentir medo, tenha certeza de que será escravo de alguém, mais cedo ou mais tarde. Não pode ser livre enquanto tem medo de germes ou bombas, pessoas ou condições. Você nunca pode ser livre até chegar à conclusão de que é Um com o Pai. Eventualmente, você aprende a andar por este mundo, cantando dentro de si:

Eu e o Pai Somos Um, e tudo o que o Pai tem é meu. Bem dentro de mim estão o pão, a carne, o vinho e a água. Bem dentro de mim está a Ressurreição, a Vida Eterna. Onde quer que eu vá, eu os carrego comigo. "Se eu subir ao céu, tu estás lá; se eu arrumar minha cama no inferno, eis que ali estás"[70]. "Ainda que eu caminhe pelo vale da sombra da morte"[71], o que está dentro de mim vai comigo. Uma Presença invisível vai adiante de mim para "endireitar os caminhos tortos"[72] e "preparar mansões"[73] para mim.

Eu não tenho que falar disso externa ou abertamente. Conhecendo essa Verdade interiormente, de modo sagrado e secreto, o Invisível "Pai que vê em segredo"[74] vai adiante de mim para revelar a realização no plano externo.

Você desenvolve essa consciência praticando princípios específicos e trabalhando com eles, quer os absorva pela palavra falada ou escrita. Não fará progresso espiritual apenas lendo livros e ouvindo a verdade. É o que você faz com a verdade depois que ela toca sua consciência que determina o grau de sua realiza-

---

70 Salmo 139,8.

71 Salmo 23,4.

72 Isaías 45,2.

73 João 14,2.

74 Mateus 6,6.

ção. Você deve pegar essas verdades e viver com elas, ponderar, meditar sobre elas e mantê-las sempre vivas em sua consciência, até que um dia elas desçam da cabeça para o coração. Depois disso, elas estarão sempre presentes, como um estado de consciência realizado.

Depois de chegar ao ponto em que não odeia, teme ou ama os chamados poderes malignos do mundo, você é capaz de responder sem medo a epidemias, tempestades, depressões ou doenças de uma natureza ou de outra, e pode provar, por seu estado de consciência, que essas coisas não são poder, nunca foram e nunca serão poder, que elas existem apenas como poder temporal quando você lhes dá poder, e então você terá tocado a Fonte da vida, a Consciência Divina, que é sua.

A natureza impessoal do erro

Em sua meditação contemplativa, perceba que Deus é a substância de todo Ser e a lei de todo Ser. Deus constitui todo o Ser, e Deus está desempenhando Sua função em você, sem você se lembrar, subornar ou pedir a Ele. Você não precisa orar a Deus por saúde ou pela cura. Deus já conhece suas necessidades, e é um prazer para Ele dar-lhe o Reino. O Pai já está no meio de você, então descanse no entendimento de que Deus *é*, e que Deus está atuando.

Depois que sua meditação sobre a totalidade de Deus estiver concluída, você ainda poderá se deparar com qualquer que seja o problema aparente. Então, você chega ao princípio mais importante do trabalho de cura. Erro não é pessoal; portanto, não tem nada a ver com você, com seu paciente ou com seu aluno. Além disso, ao tentar realizar uma cura, você não precisa melhorar seu paciente nem o corrigir, analisá-lo ou tentar torná-lo um ser humano melhor. Se ele pudesse ser um ser humano melhor, ele o seria sem a sua ajuda.

Tire o paciente, a doença ou o pecado do seu pensamento, enquanto percebe que esse problema que o confronta é um efeito. Lembre-se disso: é um efeito. Mas de quê? Do pensamento errado? Não. Um efeito do pecado? Não. Um efeito da hereditariedade? Não. Um efeito de algo no corpo? Não. É um efeito da crença em dois poderes.

Quando você desperta até o ponto de realização e se depara com um problema, pode dizer: "Oh! é a mente carnal", e vira-se e dorme, porque o reconheceu como o "braço de carne" ou o nada. Você não disse: "É a mente carnal! E agora, como devo destruí-la?", ou "oh! a doença é uma ilusão, como devo me livrar da ilusão?" Você fez o que faria no deserto, depois de perceber que a água que está vendo à sua frente é uma miragem. Você não se vira e diz: "Bem, agora eu preciso pegar um balde e me livrar da miragem". Não, enquanto era água, você pode ter pensado em pegar um balde, mas depois de perceber que era uma miragem, você liga o carro e segue em frente, porque não tem medo de uma miragem.

Em sua prática de cura, você nunca terá medo de nenhum caso, não importa quanto tempo dure, uma vez que tenha abandonado o hábito de lidar com ele como se fosse uma doença e se perguntando se você tem entendimento suficiente para enfrentá-la.

Um dos primeiros princípios que se revelaram para mim na forma de iluminação interna foi que você não pode enfrentar um problema no nível do problema[75]. Se você tentar tratar um resfriado como um resfriado, ele levará a melhor. Não acredite que um resfriado é um resfriado: um resfriado é uma crença em dois poderes, uma crença de que existe Deus e outro poder. Quando você estiver com febre, não tente reduzi-la. Não pergunte ao paciente uma hora depois: "Sua temperatura diminuiu?" Febre não é febre; é uma tentação de acreditar em dois poderes. É uma tentação de acreditar que Deus não é a Substância de todas as formas, que Deus não é Onipotência, e que existe algum poder que você precisa chamar para fazer alguma coisa.

Em todo caso que lhe chega para a cura, seu primeiro passo é a percepção e a realização de Deus como constituindo todo ser. Trabalhe com essa ideia até ter uma garantia interna de que Deus *é*. Em seguida, despersonalize o mal – o erro ou a aparência – seja qual for seu nome ou natureza, sabendo conscientemente que não faz parte de uma pessoa, e que todo mal é impessoal. Deve-se ver que o mal não está na pessoa nem vem por intermédio da pessoa, não está aparecendo como pessoa; é algo separado e à parte dela. É um mal

---

75 *O Caminho Infinito*, do mesmo autor.

impessoal e, graças à natureza de Deus como Onipotência, ele deve ser um nada. Pecado, doença e morte não têm nada a ver com Deus. Ele não os criou, e se Deus não os criou, eles não podem ter existência à parte da mente que acredita em dois poderes.

Todo estudante deve trabalhar com esses princípios até desenvolver a consciência do Cristo. Isso não significa que um aluno não deva pedir ajuda quando precisar. Isso não quer dizer que ele deve determinar arbitrariamente e com força de vontade que ele próprio enfrentará um problema em particular. Não há muita virtude nisso. Isso significa que, à medida que surgem problemas, o aluno trabalha com esses princípios e tenta solucionar o problema, mas, se ele não o resolver rapidamente, deve procurar ajuda de outra pessoa.

No início, seu tratamento pode durar quinze ou vinte minutos. Posteriormente, poderá ser de apenas três ou quatro minutos e chegará o tempo em que trinta segundos serão muito mais do que o necessário para um tratamento médio. Um tratamento não ocorre no tempo ou no espaço. É uma atividade da consciência do Cristo realizada, sua consciência individual, quando não tem mais nada ou ninguém no mundo externo.

11

A consciência de quarta dimensão

Trabalhando e vivendo com uma mensagem como o Caminho Infinito e seguindo uma trilha dessa natureza, chega um momento em que é feita uma transição de viver uma vida humana normal, na qual tomamos decisões e aceitamos responsabilidades, para viver uma vida em que nos tornamos conscientes de que não estamos sozinhos, mas que há algo mais. Seja como for que a experiência nos alcance, temos a sensação de que Alguém ou Algo está muito próximo de nós, governando nossa vida.

Nós nos encontramos em direções que não tínhamos pensado ou planejado e talvez fazendo um trabalho que nunca sonhamos. Sempre existe uma consciência da Presença que vai adiante de nós para "endireitar os caminhos tortos"[76], andando ao nosso lado como proteção, ou atrás de nós como retaguarda. Se a sentimos como uma Presença ou como Algo muito pessoal, provavelmente varia para cada um de nós. Para mim,

---

76 Isaías 45,2.

é sempre uma Presença ou um Espírito, e não frequentemente; mas às vezes, quando fala comigo, é uma voz audível. Frequentemente, no entanto, é apenas uma consciência.

Depois de anos suficientes na minha vida, certamente ficou claro para mim que eu não era escritor, e, ainda assim, surgiu um livro, do qual nasceu toda a atividade do Caminho Infinito. Portanto, deve ser evidente que há algo que me deu essa mensagem, esses princípios, e que gerou editores e dinheiro suficiente para levar o Caminho Infinito ao redor do mundo. Esse Algo está por trás da mensagem do Caminho Infinito, e eu sou apenas o instrumento pelo qual Ele está operando.

Eventualmente, o Espírito se torna evidente para todos aqueles que trabalham fielmente com esses princípios espirituais. Não duplica por meio deles o trabalho do Caminho Infinito, porque isso não seria inteligente. Mas tem sido responsável pela edição desses escritos e pela formação de professores que sentiram o Espírito, na medida em que também são apenas instrumentos pelos quais o Espírito está projetando o Caminho Infinito na consciência humana.

Também o Espírito é responsável por qualquer trabalho de cura realizado, porque somente a mensagem da verdade não o fará. Deve haver esse Espírito que nos acompanha; caso contrário, alguns de nós afirmariam saber como a cura é realizada. No que me diz respeito, não é possível saber isso, porque, quando a cura ocorre, algo acontece dentro de nós que traz uma garantia, para a pessoa que dá a ajuda, de que tudo está bem.

Assim, ao meditar com os alunos, não apenas individualmente, mas quando estamos juntos em aulas ou palestras, o objetivo é trazer o Espírito à percepção e realização, ou seja, permanecer na meditação até que o Espírito se anuncie de alguma maneira.

Ao assistirmos a esse trabalho, podemos ver o que acontece com um aluno que medita regularmente com um professor espiritual. No primeiro dia, na primeira semana ou no primeiro mês, ele pode não notar nenhuma mudança em sua vida, embora também possa. Por outro lado, ele pode estar ciente de alterações muito dramáticas dentro de si, mas não necessariamente. Ao olharmos para um grupo de estudantes depois de alguns anos, percebemos as transformações que ocorreram em sua consciência, mudanças que se manifestam em sua aparência física, em seus trajes e, talvez, em seu crescente senso de suprimento ou saúde. Esse não é o resultado do tratamento ou de uma meditação específica, mas é o fruto da meditação contínua, durante a qual o Espírito trabalha neles e passa a modificar sua consciência.

Os alunos geralmente acham difícil entender por que essas mudanças não podem ser feitas mais rapidamente. Mas agora você deve entender que qualquer transformação que ocorra na vida, mente ou corpo de uma pessoa se dá por causa de uma mudança de consciência dentro dela. Não tem nada a ver com nenhum milagreiro ou com qualquer tipo de abracadabra, como: "Você estava doente, mas agora está bem" ou "você era pobre, mas agora você é rico". Não é nada dessa natureza. Quando uma pessoa que foi tocada pelo Espírito conscientemente percebe a Presença dentro de si entrando em contato com a consciência de outra pessoa, algo acontece no íntimo dela. Ela responde, apesar de não saber nada sobre como isso ocorreu. No momento, pode não ter gerado nenhuma resposta visível ou tangível nela, ou ela pode ter sentido alguma coisa e depois esquecido. Mas uma coisa é certa: desde o primeiro contato, quando o Espírito tocou sua consciência, está trabalhando nela, e, a partir de então, traz mudanças nela.

Essas alterações podem ser rápidas ou lentas, dependendo da resistência existente no aluno. A resistência dentro de qualquer um de nós não é algo pelo qual somos responsáveis. Não é nada que possamos mudar, querendo nos livrar imediatamente dela. A resistência interior é o efeito cumulativo, não apenas de tudo o que experimentamos nesta vida, mas talvez de muitas das coisas que trouxemos conosco, das quais nem sequer temos consciência. Seja o que for, permanece o fato de que existe uma resistência ao Espírito dentro de cada um de nós, que, se queremos ser honestos, podemos chamar de *anticristo*. É algo em nós que não quer nos permitir responder à influência espiritual. Consciente ou inconscientemente, estamos nos apegando a algo.

O materialismo da consciência humana deve ser superado

Uma das principais barreiras para alcançar a realização espiritual é o materialismo que existe em nossa consciência, pelo qual nenhum de nós é responsável. Em nossa experiência inicial, quase todo pensamento que tínhamos sobre Deus também trouxe algum pensamento sobre o que seria o bem material. Pensamos em Deus, Espírito, em termos de trazer mais saúde corporal, riqueza material ou mais harmonia. Isso é natural. Ninguém negue e ninguém se envergonhe disso. Nascemos em uma consciência materialista na qual, para nós, o bem significa mais saúde, mais riqueza, mais felicidade ou mais paz, tudo no plano humano.

Ninguém nos ensinou que existe um lugar chamado "Meu Reino"[77] nem que havia algo chamado "Minha Paz"[78]; e que esse "Meu Reino" ou "Minha Paz" não tem nada a ver com "este mundo"[79]. É outro Reino. Mas, nos estágios iniciais dessa experiência de transição, nosso interesse ainda não está no outro Reino: nosso interesse é se algum tumor pode ser removido ou não, se nossa renda pode ser dobrada ou se podemos ter mais felicidade em casa. A barreira é que, quando chegamos ao Caminho Espiritual, não estamos pensando em termos do Reino do Cristo ou da Paz que o mundo não pode dar.

---

77 João 18,36.

78 João 14,27.

79 João 18,36.

Ao ficarmos sob a orientação de um professor espiritual e de um ensinamento espiritual e ao praticarmos a meditação, o Espírito começa a trabalhar em nós. Nossa consciência muda e pensamos cada vez mais no mistério e milagre espirituais: Consciência Espiritual. Temos o que metafisicamente chamamos de manifestações no nível humano, mas agora, em vez de apenas nos alegrarmos com a dor que se foi, ou com o pouco mais de renda que agora temos, nossa atenção está sendo desviada do efeito para a Causa. Agora, estamos gradualmente alcançando Sabedoria Espiritual suficiente para que, à medida que nossa imagem humana se desenvolva de maneira bela e harmoniosa, sejamos gratos e comecemos a entender que existe Algo Invisível que produz o efeito visível.

À medida que mais e mais olhamos por trás da cena humana e reconhecemos que tudo de bom que está ocorrendo no mundo visível é o resultado de nossa consciência da Presença Invisível, uma grande transição começa a ocorrer em nossa consciência. Temos até sentimentos momentâneos dessa Presença, pequenos toques da Graça, e nos tornamos cada vez mais conscientes de que Algo do qual humanamente não temos consciência está operando invisivelmente.

No misticismo cristão, essa Presença é conhecida como o Cristo, mas o termo que a descreve melhor é *transcendental*. Existe algo que transcende nossa capacidade de descrever, conhecer ou mesmo contemplar. É Algo fora do alcance do pensamento humano, e ainda assim sabemos que Ele está lá, porque ocasionalmente temos vislumbres Dele ou vemos seus frutos.

Todo efeito harmonioso que ocorre em nossa vida depois que começamos a meditar é o resultado direto da Presença Transcendental, embora, a princípio, não tenhamos consciência do Invisível. Estamos cientes apenas de que sentimos uma dor e que ela se foi, ou que nossa vida humana está mudando de alguma maneira para melhor, ou nossa consciência, natureza e nossos hábitos estão sendo alterados. Pode ser que encontremos mais prazer e reservemos mais horas para estudo espiritual, reflexão ou meditação.

Tudo isso acaba nos revelando que o que está acontecendo no mundo tangível é fruto do que está acontecendo no mundo invisível. Tudo está ocorrendo porque, dentro de nós, está a Semente Espiritual, que sempre esteve lá, não apenas desde que nascemos, mas desde o início dos tempos em que aparecemos, coexistente com Deus. No começo, havia Deus e a Criação de Deus. Não pode haver Deus separado da criação nem uma criação aparecendo algum tempo depois de Deus. Deus e a manifestação de Deus de Si Mesmo são sempre simultâneos.

Existe uma Presença Transcendental, o Cristo, dentro de cada pessoa, mas aquele que não tem consciência disso é o "homem natural"[80], que não está sob a Lei de Deus. Essa mesma pessoa consciente da Presença

---

80 2Coríntios 2,14.

que habita em si torna-se o filho de Deus. O Espírito de Deus, que está sempre presente, torna-se tangível para ela em um momento específico, à medida que toma consciência daquilo que sempre esteve lá com ela.

A consciência da quarta dimensão traz discernimento espiritual e transcende o tempo e o espaço

Quando somos seres humanos que ainda não perceberam a Presença, estamos vivendo na consciência tridimensional, em uma mente tridimensional e, no que diz respeito a nós, a única realidade da vida que existe é o que conhecemos pelos sentidos físicos.

O Mestre, por meio de sua consciência quadridimensional, não apenas teve acesso a um lugar que chamou de "Meu Reino", o reino invisível por trás desse visível, mas, pela consciência quadridimensional, Ele pôde, quando necessário, ler as mentes daqueles à sua volta. Não foi por nenhum meio humano que Ele percebeu a natureza da vida que a mulher no poço estava vivendo, mas, habitando a quarta dimensão, Ele pôde ver a terceira dimensão e discernir seu estado de consciência. Dessa maneira, Ele foi capaz de selecionar seus discípulos, os melhores entre os disponíveis na época, os mais aptos a ficar com Ele, os mais aptos a entender o que Ele tinha a ensinar e os que estavam quase prontos para a Experiência.

À medida que nossa visão espiritual aumenta e nossa consciência espiritual se desdobra, nós também teremos o dom do discernimento em algum grau e poderemos ver algumas das experiências do passado, do presente e do futuro. A princípio, provavelmente nos perguntaremos o que está acontecendo conosco, mas tudo o que ocorre é que agora estamos manifestando alguma medida da consciência quadridimensional que nos permite ver a mente humana.

Às vezes, isso se dá com os profissionais quando, ao trabalhar com um paciente, eles são capazes de discernir o erro específico que o vincula e depois anulá-lo. É apenas porque eles subiram em alguma medida da quarta dimensão que podem ver a terceira dimensão, ver o que está errado e corrigi-lo.

Às vezes é chamado de intuição, mas vai muito além disso. Quando recebemos instruções diretas sobre o que fazer quando algo sai totalmente diferente do que planejamos ou quando surgem coisas que devem ser feitas e as situações humanas que interferem e as interrompem são removidas de repente, percebemos que Algo abriu o caminho para nós.

Acredito que, se alguém se eleva o suficiente na consciência, é possível olhar para trás em vidas anteriores. Pode ser que esses vislumbres de vidas anteriores sejam dados àqueles que têm algum motivo para conhecê-los. Podemos entender como um homem como o Mestre pode ter ficado intrigado com o motivo de estar vivenciando determinadas experiências. Aqui, Ele estava em um mundo hostil, com uma mensagem estranha e uma resposta distinta, em lugares diferentes. Em seus momentos de experiências no topo da montanha, no entanto, partes de seu passado podem lhe ter sido reveladas para mostrar a Ele por que estava no caminho, qual era o significado de seu ministério, qual era sua parte e qual tinha sido sua anterior preparação para isso.

Muitos místicos não apenas tiveram conhecimento de sua experiência passada, mas também souberam de contatos anteriores com alguns de seus discípulos ou seguidores do Caminho. Essa foi a experiência de Ramakrishna quando, pela primeira vez, ele conheceu Vivekananda. Vivekananda nem queria conhecer Ramakrishna e cancelou todos os compromissos que ele tinha feito para ouvi-lo. Então, um dia, quando ele não podia mais recusar, foi ao encontro do homem e, à primeira vista, eles se reconheceram. É relatado que, naquela primeira reunião, Ramakrishna disse a Vivekananda: "Por que você demorou tanto? Estou esperando por você há séculos".

Vivekananda tornou-se o discípulo número um de Ramakrishna, desistiu de tudo na vida, foi morar no *ashram* com Ramakrishna e depois saiu ao mundo para realizar talvez uma das maiores obras missionárias dos dias de hoje. Não conheço outra pessoa que tenha viajado pelo mundo como Vivekananda, e apresentou a mensagem de seu professor de uma maneira muito melhor do que o próprio mestre poderia ter feito, e de uma maneira que a tornou aceitável, e levou a ser estabelecida em muitos lugares.

O mesmo aconteceu com outros professores espirituais: eles reconheceram alguém que eles conheceram antes, ou um estudante reconheceu um professor que ele conheceu antes. Quando uma pessoa é levada à consciência superior, ela pode olhar novamente para a consciência inferior, assim como um estudante universitário pode olhar para trás e ver os livros do Ensino Médio que antes não eram compreensíveis para ele, mas agora são claros. O mesmo ocorre com a consciência quadridimensional em relação à tridimensional, percebendo as coisas ali e se beneficiando com o que foi visto.

A relação professor-aluno

O relacionamento entre professor e aluno é eterno, se o aluno desejar. Isso é verdade no meu relacionamento com os alunos que foram atraídos por mim. Nunca, nunca estarei separado dos meus alunos sérios, nem pelo tempo ou espaço, nem serei separado deles pela vida ou pela morte, porque sei que tudo o que me constitui, na realidade, é a consciência. Portanto, posso manter em minha consciência, "a minha mesmo", aqueles a quem desejo acompanhar. Nada jamais me separará do amor de meus alunos sérios ou de compartilhar com eles.

Ao longo da minha vida, descobri que minhas maiores alegrias e meus maiores frutos foram de companheirismo com meus alunos sérios, aqueles que amam o Caminho Infinito, aqueles que se beneficiam dele e que se alegram em estudá-lo. São meus companheiros há muitos e muitos anos. Eles realmente constituíram minha família espiritual. Por esse motivo, tenho vivido em consciência com meus alunos muitas vezes no início da manhã, e muitas vezes tarde da noite, e muitas vezes no meio do dia. Onde está nosso tesouro, é onde estaremos, e o meu tem sido com buscadores espirituais.

Visto que a consciência é o que Eu Sou, incorporo na minha consciência tudo o que me pertence. E já que no Reino de Deus não existe tempo ou espaço, tudo isso acontece agora, tudo aqui onde estou. Você pode olhar para fora e ver uma placa que diz Havaí, e é onde estou e é onde está acontecendo. Mas, se você olhar para fora e vir uma placa que diz Califórnia ou Londres, é onde estou e é onde está acontecendo. Por quê? Porque isso está acontecendo na consciência, não em uma cidade, estado ou país. Na consciência, nunca estamos separados. Todos somos Um em nossa identidade espiritual e em nosso lar espiritual.

Abra sua consciência e perceba que eu não existo no tempo ou no espaço. O único lugar onde posso existir para você é na sua consciência. Se você me deixa sair dela, você me soltou, porque tudo o que pode saber de mim é o que você pode incorporar em sua consciência, e isso não depende do senso físico.

Portanto, ao orar por uma pessoa, não é necessário que ambos estejam no mesmo local. O que é necessário é a percepção de que existimos *como*, *na* e *da* consciência, e em consciência somos um. Nós não somos seres físicos: somos filhos de Deus. O que constitui a estrutura física é de importância apenas relativa. Está aqui hoje e, às vezes, já se foi amanhã. Não existe uma estrutura física eterna. Por quê? Porque não sou uma estrutura física nem você.

Não há separação na consciência

Muitas pessoas fazem perguntas como: "Vou me reunir com minha família quando falecer?" ou "minha família se reunirá comigo no próximo mundo?" Minha resposta sempre foi: "Tudo depende de você e tudo depende deles. Se você quer se reunir com eles, assim será. Se eles querem se reunir com você, eles estarão. Mas, se você não deseja se reunir novamente, não o será, porque você existe como consciência e pode admitir ou abandonar em sua consciência quem quiser.

Certamente, isso é verdade mesmo aqui na Terra. Estamos em contato com todos os nossos parentes? Não, não temos interesse em alguns deles, e eles não têm interesse em nós, então abandonamos a consciência um do outro. Mas há entes queridos dos quais alguma circunstância da vida ou da morte nos separou. Posso dizer-lhe que ninguém que entre na minha vida ou na minha consciência jamais será separado dela – na vida ou na morte – exceto aqueles com quem não tenho nada em comum e a quem estou disposto a abandonar. Da mesma forma, eles estarão mais do que felizes em me tirar da consciência deles.

Já recebemos algum benefício de outro, exceto o benefício da consciência? Não é a consciência de uma pessoa que nos abençoa? Que parte de mim já abençoou algum aluno, exceto minha consciência da Verdade? Que parte dele eu conheci, exceto sua consciência, seu amor pela Verdade, seu amor pelo Espírito? Somos Um na consciência e sempre seremos, enquanto nosso interesse estiver na Verdade, Espírito, Deus, Consciência. Assim, na ausência de nossos entes queridos, por qualquer motivo, não haverá senso de perda ou sentimento de separação, porque sabemos que não temos relacionamento físico. Nosso relacionamento é de consciência.

Cada um de nós, no entanto, deve estar preparado para o dia em que nossos entes queridos nos deixarão, pelo que o mundo chama de morte. Mas isso não é realmente separação, porque o que amamos um ao outro não é o corpo: é a consciência. Se Deus soprou em nós a vida de Deus, então a vida de Deus é a vida do homem, e nunca podemos ser separados dela, nem mesmo na morte, porque "Eu e meu Pai somos um"[81]: eu e minha vida somos um, Eu e meu amor somos um, e isso é indestrutível.

---

81 João 10,30.

Toda a miséria da humanidade surge da crença de que estamos apartados um do outro, de nossos amigos e parentes, separados de nosso suprimento, nosso lar, nosso emprego e nosso país. Toda discórdia na Terra surge do senso de separação. O princípio unificador é que somos um com o Pai, inseparáveis e indivisíveis, e, em Unidade com Deus, somos um com o Infinito Bem, que deve incluir companheirismo, relacionamentos, suprimento, lar, emprego, atividade. Nunca haveria discórdia na Terra se não houvesse um senso de separação de Deus, pois somente em nosso relacionamento de Unidade com Deus somos um com o outro. Se nos tornarmos um em qualquer outra base, não será um relacionamento permanente. Nem toda família permanece unida para sempre, mas ainda assim permaneceria, se essa união fosse originalmente baseada no entendimento da unidade com Deus.

"Minha unidade com Deus constitui minha unidade com todo ser espiritual e com toda ideia ou realidade espiritual."[82] Ninguém jamais seria separado do suprimento, se esse fosse baseado em seu relacionamento com a Divindade. Quando entendemos que nossa unidade com nossa Fonte constitui nossa unidade com o suprimento, sabemos que o que Deus uniu, nenhum homem pode separar. O homem tem algum poder que possa separar Deus do que é Dele? Isso daria ao homem um poder maior que o de Deus.

---

82 *União consciente com Deus*: Livro do mesmo autor.

Nosso suprimento é nosso apenas porque "Eu e meu Pai somos um" e, portanto, somos herdeiros de todas as riquezas celestes. Em nossa compreensão disso, nenhuma pessoa ou circunstância pode nos separar de nosso suprimento. Nosso relacionamento com Deus constrói tudo o que parece ter se perdido em nossa experiência.

Toda competição surge de um sentimento de separação de Deus e da crença de que estou aqui, você está lá, e há algo aqui que nós dois queremos. Que diferença faz onde eu pareço ou onde você parece estar no tempo e no espaço, ou onde aparenta estar nosso suprimento, já que nada escapou de nossa consciência, porque Deus constitui nossa consciência?

Elevando-se acima da consciência humana

Toda vez que somos confrontados com dois poderes no mundo e nos lembramos de que existe apenas um Poder, o Poder do Espírito dentro de nós, estamos nos elevando mais na consciência. Toda vez que lembramos a nós mesmos que não estamos usando Deus para fazer algo contra o mal, mas, sim, que estamos reconhecendo o nada da aparência do mal, estamos desenvolvendo a consciência quadridimensional. Toda vez que impessoalizamos o mal e o reduzimos a nada, percebendo que não faz parte do homem, mas é a crença universal em dois poderes, estamos destruindo uma parte da consciência tridimensional e desenvolvendo muito mais a consciência quadridimensional.

Toda vez que conscientemente impessoalizamos e percebemos que nem pecado, nem doença, nem falsos apetites fazem parte do nosso Ser, mas que são apenas uma crença universal em dois poderes, também estamos desenvolvendo nossa consciência espiritual ou quadridimensional. Toda vez que reconhecemos que Eu, no meio de nós, é Deus – que este Eu, a Individualização de Deus dentro de nós, é realmente a Fonte de nosso suprimento, saúde e harmonia –, parte do velho homem está "morrendo" e parte do novo está renascendo, parte da mortalidade está sendo descartada e a imortalidade está sendo aplicada.

Toda vez que meditamos, mesmo que seja apenas uma meditação de dez segundos, tempo suficiente para criar esse vácuo e ouvir, estamos desenvolvendo nossa consciência no quarto grau. Uma casca de cebola da mortalidade está caindo, e estamos muito mais próximos da imortalidade.

Todo esforço que fazemos para obter mais consciência quadridimensional, lendo e ouvindo as palavras de uma mensagem espiritual, está destruindo alguma mortalidade em nós e, ao mesmo tempo, revestindo-nos de imortalidade. Toda meditação que nos leva a deixar fluir o esplendor oculto está elevando a consciência para essa consciência quadridimensional.

Percebemos que temos uma força, um Poder, um domínio e uma alegria que o mundo não conhece. Não conhece a Fonte, porque essas qualidades espirituais não surgem de circunstâncias externas. Não é por causa de algo no mundo exterior: é por causa de Algo Interior que nós mesmos não temos outro conhecimento além do fato de termos atingido o ponto em que sabemos que a consciência é o que somos. Tornamo-nos conscientes de um Espírito que habita em nós, uma Presença Divina vivendo dentro de nós, indo adiante de nós, fazendo todas as coisas por nós e trazendo todo o necessário para nossa vida espiritual.

12

O Cristo como consciência do homem

O que diferencia os professores espirituais e as pessoas que fazem o trabalho de cura do restante da humanidade? Não é que, de alguma forma, em algum momento e por algum motivo, eles foram atraídos para o estudo da verdade? Então, quando começaram a encher suas mentes da verdade por meio de livros, palestras e aulas, eventualmente algo aconteceu dentro deles. Eles fizeram uma transição de "homem cuja respiração está em suas narinas"[83] para aquele homem que tem seu ser no Cristo.

Em um momento particular de sua experiência, essas pessoas atingiram alguma medida da consciência transcendental do Cristo, que está além do humano. A partir de então, o erro, o mal, o pecado, a doença, o falso apetite ou a escassez perderam sua realidade para elas. Quando as pessoas chegavam a elas com problemas físicos, morais ou financeiros, ou problemas das relações humanas, o erro ou o mal desapareciam, assim

---

83 Isaías 2,22.

como a escuridão deixa uma sala quando a luz é acesa. A escuridão na sala não vai a lugar algum, porque o que chamamos de escuridão é apenas uma ausência de luz. Na presença da luz, não há trevas.

Como meros seres humanos, não podemos atuar como praticantes ou professores espirituais. Podemos ter a vontade, o desejo e a esperança; mas vontade, desejo e esperança não curam, não reformam ou enriquecem. Para elevar uma pessoa acima de sua humanidade, é preciso ter a experiência da Iluminação Espiritual, ou da Presença Transcendental. Quando isso chega a uma pessoa, na medida de sua fidelidade, terá sucesso como curador espiritual ou professor.

Muitos estudantes têm o desejo de curar, ensinar e dar aos outros o que eles não podem. Para estes, digo: "Seja paciente: você o fará. Espere, no entanto, até que o Espírito do Senhor Deus esteja com você, e você seja enviado, ordenado a fazer essas coisas". Os alunos devem se contentar em permanecer estudantes e não tentar ser praticantes e professores, até que a experiência que resulta em seu amadurecimento ocorra dentro de sua consciência.

Certa vez, quando o Espírito do Senhor Deus estava sobre uma pessoa, isso foi chamado de a vinda do Cristo à Terra, ou seja, a vinda do Cristo à consciência humana. Hoje, acredita-se que quase qualquer um pode alcançar alguma medida desse Cristo, ou Espírito de Deus. Se tivesse sido dito há dois mil anos que algum dia haveria milhares de pessoas fazendo trabalho de cura espiritual na Terra, tal ideia provavelmente teria sido ridicularizada. As pessoas diriam que somente aqueles a quem Deus visitou poderiam fazer isso. Agora sabemos que Deus visita qualquer um que possa abrir sua consciência em receptividade à Presença Interior.

Isso tem um significado muito maior do que qualquer coisa até então realizada, porque, até recentemente, a vinda do Cristo à consciência individual era considerada uma experiência única, limitada a uma pessoa conhecida como Jesus.

A *vinda universal do Cristo*

Muito foi dito sobre a Segunda Vinda do Cristo. Mas o que se entende por esse evento? Será o retorno à Terra de um homem que viveu há 2.000 anos ou será a Segunda Vinda, quando o Cristo retornar como a Consciência de toda a humanidade, de modo que, para sempre, não haverá mais homem, mulher ou criança neste orbe em um estado humano de consciência?

Este dia está próximo de nós, o dia em que o Cristo não virá a você ou a mim para nos elevar e nos separar da humanidade, mas quando o Cristo virá como a Consciência de toda a humanidade. Então, as crianças entrarão desde o nascimento na Consciência de sua Identidade Espiritual e da Identidade Espiritual de toda a vida: humana, animal, vegetal e mineral.

Em nosso trabalho com coisas como clima e epidemias, já descobrimos que a consciência realizada de um indivíduo ou de um grupo muito pequeno pode se tornar a experiência harmoniosa de uma comunidade inteira. Poucos na comunidade sofrem então de condições destrutivas, porque elas foram impedidas ou anuladas pela atividade do Cristo em um indivíduo ou em alguns, provando que a Realização do Cristo como a Consciência da humanidade começa imediatamente a dissipar o senso mortal de humanidade.

Toda vez que uma pessoa é curada de qualquer condição discordante pela Consciência Espiritual de uma pessoa dedicada é uma prova de que a atividade do Cristo nessa Consciência pode ser a Lei da Harmonia para multidões, mesmo daqueles que ainda não foram despertados para o Cristo. Além disso, a atividade do Cristo, funcionando como professor, praticante ou estudante, abre e desperta o Centro Espiritual daqueles que estão ao alcance da consciência iluminada dessa pessoa.

No passado, a religião sempre trabalhou com a geração de seu tempo. Mesmo que conseguisse alcançar crianças e adultos e levá-los ao ponto da Consciência Espiritual, sempre começava tudo de novo com a próxima geração. Tinha que passar pelo mesmo ciclo, levando-os ao interesse e à consciência do Espírito, para então somente vê-los partir desta Terra.

Ao entrarmos na experiência do Cristo como Consciência Universal, filhos e netos não nascerão na mortalidade de setenta anos, mas na imortalidade da

Consciência do Cristo, e não teremos que começar novamente do zero para educar espiritualmente a próxima geração. Esse será o dia prometido, quando a Consciência de Deus for estabelecida na Terra como no Céu, e as crianças nascerão nela.

Quando pararmos de acreditar que Deus se revela apenas a mim ou a qualquer "eu" que já viveu, entenderemos que o Pai sempre se revelou à consciência humana. Normalmente, apenas um indivíduo aqui ou ali foi capaz de captar essa revelação, entendê-la e revelar toda a Verdade, mas então, mais tarde, estudantes, discípulos e outros personalizavam e destruíam as revelações dessa consciência realizada.

Todo mestre sabia que Deus não chega a um indivíduo: Deus se revela na consciência. As pessoas que procuram e buscam a verdade são as que a tocam primeiro. Mas agora entramos em uma nova dispensação, na qual devemos compreender universalmente a natureza de Deus como Onipresença, Onipotência e Onisciência. Onipresença em mim ou em você? Esse não é um conceito horrível de Deus? Onipresença não significa em mim ou em você. Onipresença significa em toda parte, igualmente presente, seja no santo ou no pecador, nos religiosos ou sem religião.

Se o Cristo viesse à Consciência de uma pessoa à medida que realizasse sua Cristandade, mas, se ela acreditasse que essa era uma qualidade sua própria ou talvez até mesmo uma qualidade de seus seguidores, seria uma repetição da experiência da primeira vinda do Cristo, e essa grande verdade seria perdida. Mas quando ele percebe: "Bem, por que eu? O que há de tão especial em mim? Fica fácil para ele ver que essa é a verdade sobre qualquer pessoa, onde quer que esteja, neste momento, na consciência, e que todos devem eventualmente acordar para essa verdade. O Cristo não é o Cristo apenas do Ser de uma pessoa, mas o Cristo é o Ser Individual, a Natureza Espiritual de todo Ser.

Consciência crística, a consciência da quarta dimensão

Quando falamos sobre o Cristo como Consciência Universal, não estamos nos referindo a nada particularmente cristão, porque "antes de Abraão existir"[84], o Cristo, a Consciência Transcendental ou quadridimensional, existia. Quando nos toca, essa Consciência Superior nos transforma no filho de Deus, que recebe as coisas de Deus. Por qual faculdade? Pela faculdade da mente? Não, pelo discernimento espiritual, que nos permite distinguir o que a mente não pode ver, ouvir, provar, tocar ou cheirar.

Por que apenas alguns seguidores de movimentos metafísicos durante o século passado se tornaram bons praticantes ou professores? Por que houve tão poucos? Por que todos os que seguiram os movimentos metafísicos não fizeram um excelente trabalho de cura e ensino? A resposta é que isso não é possível, exceto na

---

84 João 8,58.

proporção em que uma pessoa atinge essa Consciência mais elevada. Devemos admitir que muitos estudantes de metafísica nem sequer tentaram alcançá-la. Desde que pudessem demonstrar boa saúde, bom suprimento ou bons relacionamentos, ficaram satisfeitos com o fato de poucos se tornarem praticantes ou professores.

Esta fase está passando rapidamente, e está chegando o dia em que haverá menos praticantes disponíveis, e cada aluno terá que ser seu próprio praticante. O Mestre nunca pretendeu que um grupo fosse dotado dessa Consciência Divina e o restante do mundo vivesse da Consciência desse grupo dedicado. A missão do Mestre era revelar o Cristo como a Consciência de todo indivíduo, para que todo indivíduo pudesse encontrar satisfação no Cristo realizado.

É uma possibilidade presente para cada um de nós alcançar alguma medida de realização da Consciência Divina. Nem todos podemos alcançar a plenitude dela, porque é um processo evolutivo. Mas aqueles com uma consciência dedicada atingirão alguma medida nesta experiência particular na Terra e, provavelmente, uma medida maior dela, quando entrarem em experiências futuras.

A Consciência Divina que se manifestou na Terra como os grandes líderes espirituais está *aqui* conosco, *agora*, para nos elevar à mesma Consciência do Cristo. Porque temos o benefício dessa Consciência que apareceu tantas vezes e de tantas formas neste mundo, também nós seremos elevados à realização e demonstração da Consciência quadridimensional.

Toda pessoa leva sobre si a penalidade de seus próprios pensamentos

Aqui e agora, o Cristo está sendo estabelecido como Consciência Universal. Por esse motivo, estamos testemunhando algo na Terra que nunca existiu antes. Hoje já existe o suficiente do Cristo estabelecido como consciência humana, de modo que não apenas a prática do mal, mas o mero pensamento Dele traz repercussões no pensador e no praticante. Na vida tridimensional em que nascemos, seres humanos podiam fazer todo tipo de mal e sofrer muito pouco castigo. É por isso que, por tantas gerações, tivemos guerras, escravidão e desumanidade do homem para com o homem.

Cada vez menos isso será possível a partir de agora. Haverá menos consciência humana: menos trapaceiros, saqueando e roubando as pessoas de seu direito de nascença e enviando-os para guerras. A medida do Cristo que agora está funcionando na consciência humana é suficiente para causar punição imediata sobre aqueles que cometem erros, não que o Cristo cause vingança, mas que o ser humano leve sobre si a penalidade de seus próprios pensamentos, motivos e ações.

Judas Iscariotes cometeu suicídio poucos dias depois de trair o Mestre. Por que ele fez isso? O que tornou esse ato inevitável? Se tivesse traído Pilatos, não teria se suicidado. Ele pode até ter vivido para aproveitar seu dinheiro. Mas ninguém pode fazer um mal ao Cristo sem que tenha imediatamente repercussões sobre ele, não porque o Cristo faz alguma coisa contra ele, mas porque, ao entrar na presença Dele, o mal é destruído. Se uma pessoa continua se apegando ao mal, isso a destrói. Mas aquelas que podem deixar de cometê-lo serão curadas.

Existem milhares de pessoas desejosas de se livrar não apenas de suas doenças, mas também de seus pecados, seus falsos apetites, ressentimentos, ciúmes, inveja, malícia, luxúria e ganância. Mas há também aqueles que ainda acreditam que podem continuar a viver pela espada e que não têm consciência de que, nesta era, vão bater contra o Cristo e, eventualmente, morrer pela espada. Eles não percebem que as armas que eles usam contra a humanidade são as mesmas que as derrubarão, e não no futuro distante: no presente muito próximo.

Houve um tempo em que a desumanidade do homem para o homem poderia torná-los ricos e poderosos. Esse tempo passou. Hoje, há Cristo suficiente solto na consciência humana, de modo que, quando o mal bate contra Ele, é destruído e a pessoa é libertada. Somente onde uma pessoa está determinada a se apegar ao mal e se beneficiar dele, ela é destruída junto com ele.

Quando você e eu entramos em pecado na presença daqueles de luz espiritual, somos mais curados do que destruídos. Isso é porque realmente não queremos nos apegar ao pecado ao qual podemos nos entregar, e, assim, quando nos colocamos na presença do Cristo, perdemos o pecado e ouvimos o Mestre dizer: "Nem eu também te condeno: vai e não peques mais"[85]. Se houver pecado, falso apetite, mal ou algo de errado em nossa consciência, e estivermos no ponto em que gostaríamos sinceramente de nos livrar disso, procuremos alguém que alcançou uma medida suficiente de luz espiritual para nos elevar à Consciência Espiritual, e poderemos ser libertados.

A realização espiritual eleva a consciência

Cada pedacinho de luz espiritual que você e eu, como indivíduos, alcançamos, aumenta a quantidade de Consciência do Cristo que é solta no mundo. "Se eu for levantado da Terra, atrairei todos os homens para mim."[86] Se atingirmos alguma medida de toda a Consciência do Cristo, então aqueles que são receptivos responderão, serão elevados a uma medida mais elevada da Consciência do Cristo e experimentarão a cura física, mental, moral ou financeira.

Onde há grupos que estudam há anos e atingem alguma medida de luz espiritual, centenas estão sendo atraídos para a luz; e, quando houver centenas que atingiram a Consciência Espiritual, milhares serão atraídos para essa luz. Qualquer medida de luz espiritual acesa em uma pessoa começa imediatamente a iluminar algum integrante de sua família, algum vizinho, amigo,

---

85 João 8,11.
86 João 12,32.

parente ou estranho. Isso testemunha a verdade de que a medida do Cristo erguida em uma pessoa é a medida do Cristo libertada na Consciência para elevar outras.

Ao reconhecermos o Cristo, estamos libertando mais dele na consciência humana e, assim, o pecado, a doença e a morte são reduzidos. O dia da vida pela espada está passando. Com o reconhecimento do Cristo de nosso Ser, o Cristo está na Terra agora, em vez do homem mortal, o Cristo como Identidade Universal.

Pioneiros espirituais

Estamos testemunhando a introdução da Segunda Vinda do Cristo, a vinda do Cristo à consciência humana universalmente – não apenas para santos e sábios, nem para os poucos que se tornam praticantes. Não, o Cristo está vindo agora à Terra, como a consciência da humanidade. Você e eu estamos inaugurando essa era, neste reconhecimento:

Consciência é o que Eu sou. Cristo é minha consciência individual e a sua. Todo mundo que me toca em qualquer lugar da jornada da vida deve ser elevado automaticamente, ainda que apenas um grão mais alto na Consciência Espiritual, com um grão a menos de pecado, um grão a menos de doença, um grão a menos de idade avançada, um grão a menos de falsos apetites.

Quando começamos conscientemente a perceber o Cristo como a Identidade de cada indivíduo, estamos estabelecendo o reinado dele na Terra. Fazemos parte de um movimento pioneiro. Não precisamos pertencer a nenhum professor, ensino ou religião. Cada um de nós é o Templo de Deus, e nosso relacionamento com Deus tem a ver com uma atividade de nossa própria consciência, na qual percebemos que somos herdeiros de Deus, coerdeiros de todas as riquezas celestes, da Onipresença, Onipotência e Onisciência de Deus.

Ao reconhecermos isso e, assim, trazermos para nós as harmonias que se seguem automaticamente ao Reino do Cristo, estamos trazendo essas bênçãos para o mundo inteiro. Mal podemos esperar que três bilhões de pessoas decidam recorrer à verdade para salvar o mundo, porque quase todas elas morrem antes de atingirem a consciência da verdade. Então, teremos que começar tudo de novo com a próxima geração de quatro bilhões, e eles também passarão antes que sua consciência seja transformada.

Vamos parar de tentar alcançar a humanidade e, em vez disso, elevar o Cristo dentro de nós e realizar esse mesmo Cristo em todos, estabelecendo assim o seu reinado na Terra. Então, os três bilhões descobrirão que são governados por Deus.

Quando esse dia chegar, se o testemunharmos, provavelmente ficaremos surpresos que aqueles que foram beneficiados ou abençoados por essa realização não sejam gratos por isso. Eles nunca serão agradecidos, porque não saberão do que foram levantados. Temos evidências disso em nosso trabalho. Isso costumava me confundir anos atrás, quando eu testemunhava belas curas dos chamados casos mentais. O mais chocante foi que aqueles que foram curados nunca disseram uma palavra de agradecimento nem expressaram gratidão. Então, percebi que eles nunca souberam que eram mentalmente perturbados. Conheciam apenas como eram depois de curados. Portanto, a nova geração que nasceu na Cristandade nunca será grata por isso, porque nunca saberá do que foi salva.

A Consciência do Cristo agora está evoluindo na Terra e, à medida que continua evoluindo, a nova geração nascerá nessa Consciência. Dentro do que estamos desenvolvendo por meio do estudo e meditação, ela nascerá. O velho mundo será exterminado e desaparecerá, e um novo mundo nascerá.

Toda verdade realizada na Consciência se torna uma lei para a consciência. Mas como isso pode ser confinado a uma única pessoa? Não se torna uma lei para uma pessoa: se torna uma lei para a consciência. A pessoa mais sintonizada recebe o primeiro e maior benefício, mas, eventualmente, o círculo se alarga, e até amigos e parentes que não podem aceitar diretamente uma mensagem espiritual começam a mostrar alguma medida de bem.

Aqueles que estão realizando os princípios espirituais estão formando a consciência da nova geração. Esse processo não começou conosco. Somos os destinatários de toda a sabedoria espiritual de Lao Tzu, Gautama, Jesus, João e Paulo, e de toda a sabedoria espiritual dos místicos do mundo, que ajudaram a formar nossa consciência. O que foi colocado na consciência pelos místicos de todos os tempos nos permitiu nascer não como selvagens, mas como pessoas com algum grau de civilização. Uma Consciência Superior está evoluindo no mundo, e toda a humanidade é a beneficiária dela.

A Graça de Deus não leva ninguém a uma mensagem dessa natureza apenas para o seu bem. Ela não funciona dessa maneira. A Graça de Deus nos leva a um ensinamento espiritual para que possamos mostrar os frutos da Consciência do Cristo e sermos instrumentos para estabelecê-la na Terra. Toda verdade que conhecemos e toda cura que ocorre por nossa consciência ajudam a estabelecer essa Graça curadora na consciência humana.

Quando deixamos de ser apenas seres humanos, na consciência de nossa identidade espiritual, nos tornamos uma influência espiritual para centenas e possivelmente milhares, garantindo o dia do Cristo como a Consciência de toda a humanidade.

Gravações

Este livro surgiu a partir de conferências de Joel Goldsmith gravadas em áudio. As gravações originais utilizadas pelos editores estão catalogadas segundo os títulos e datas a seguir:

1. A consciência dedicada
    1.1 Centro do Vale de San Francisco em 1964. Fita 1, lados 1 e 2

2. O sentido falso e o sentido verdadeiro do Eu
    2.1 Primeira aula para praticantes de Porland, 1954. Fita 1, lado 1
    2.2 A Primeira Série da região nordeste dos Estados Unidos, o sentido falso e verdadeiro do Eu

3. A mente é uma transparência
    3.1 Aula especial de Londres, 1962. Fita 3, lado 1

4. Consciência
    4.1 Série aos domingos da Princesa Kaiulani, 1963. Fita 3, lado 1

5. Estágios evolutivos da Consciência
    5.1 Aula fechada de Seattle, 1960. Fita 1, lado 1
    5.2 Aula especial de Chicago, 1964. Fita 2, lado 1

5.3 Série aos domingos da Princesa Kaiulani, 1963. Fita 3. Lado 1

5.4 Aula aberta do Canadá, 1960. Fita 2, lado 1

6. A Luz emergente

6.1 Aula fechada de Seattle, 1960. Fita 1, lado 2 e fita 2, lados 1 e 2

6.2 Aula especial de Chicago, 1964. Fita 2, lado 1

7. Obtendo uma Medida de Espiritualidade

7.1 Aula especial de San Diego, 1962. Fita 1, lado 2

7.2 Consciência Espiritual (fita não disponível)

7.3 Aula aberta do Canadá, 1960. Fita 2, lado1

8. A vida invisível se realiza de modo tangível e visível

8.1 Aula fechada de Seattle, 1960. Fita 3, lado 1

8.2 Aula aberta do Canadá, 1960. Fita 2, lado1

8.3 Aula especial de Los Angeles, 1964

9. As questões da vida estão na Consciência

9.1 Segunda série de Portland, 1951. Fita 5, lados 1 e 2

9.2 Especial do Trabalho Halekou, 1959. Fita 3, lado 1

9.3 Aula para praticantes de Seattle, 1954. Fita 3, lado 2

10. A consciência da verdade é o curador

10.1 Aula aberta da Vila Havaiana, 1959. Fita 4, lado 1

10.2 Aula fechada de New York, 1959. Fita 5, lado 1

10.3 Aula fechada de Denver, 1960. Fita 3, lado 2

11. A consciência quadridimensional

11.1 Aula fechada de Manchester, 1962. Fita 3, lado 1

11.2 Centro de estudos do Caminho Infinito de Honolulu, 30 de setembro de 1963 (manuscrito inédito)

12. O Cristo como a consciência da Humanidade

    12.1 Aula especial de Los Angeles, 1963. Fita 1, lados 1 e 2

    12.2 Aula especial de New York, 1963. Fita 1, lado 1

    12.3 Trabalho de Londres, 1963. Fita 2, lado 2

Conecte-se conosco:

facebook.com/editoravozes

@editoravozes

@editora_vozes

youtube.com/editoravozes

+55 24 2233-9033

www.vozes.com.br

Conheça nossas lojas:
www.livrariavozes.com.br

Belo Horizonte – Brasília – Campinas – Cuiabá – Curitiba
Fortaleza – Juiz de Fora – Petrópolis – Recife – São Paulo

  Vozes de Bolso

EDITORA VOZES LTDA.
Rua Frei Luís, 100 – Centro – Cep 25689-900 – Petrópolis, RJ
Tel.: (24) 2233-9000 – E-mail: vendas@vozes.com.br